明治初頭の子どものための修身読本紹介

亀谷省軒 編

『修身児訓』読解

光風社蔵版
西京製本所発兌［発行］

久田健吉

はじめに

この『修身児訓』は、常滑市古場町の山本昌利氏所蔵の子ども用の修身の本であったものです。五巻ものです。第四巻の裏表紙に、山本仙次郎との落書がありますので、山本家先祖の山本仙次郎氏が子どもの頃に使用していた本ということが分かります。因みに仙次郎氏は昌利氏の祖父にあたり、生没年は明治十年から昭和二十五年とのこと。

この本は、この当時整備されてきた郷学校（義校とも言う）での修身の教科書であったように思えます。『常滑市史』によって確認しましょう。

明治維新直後の最初期の頃は、寺子屋と小学校が併存していましたが、明治五年の「邑に不学の戸なく、家に不学の人なからしめん事を期す」の小学校令により、枳豆志村（古場町も属していた旧村名、現常滑市で言えば西浦地区）にも小学校がつくられ、寺子屋から郷学校へと集約されていきます。こうして古場に「自省」郷学校が誕生します。更に明治十二年に教育令が出され、この郷学校は古場尋常小学校となります。

仙次郎少年が学齢期に達した明治十七年には、この古場尋常小学校は存在しており、この教育令において教育内容は読書、習字、算術、地理、歴史、修身とされていましたので、仙次郎少年がこの本をこの学校で修身の教科書として使用していたことは間違いないとなります。この本は明治十五年五月刊行ですので、この点からもそう言っていいように思えます。

しかし、この本の奥書には、「この製本は浪花文会との条約（約束）により大阪府教科用には発売をなすべからず」とあります。これはどういうことでしょうか。事情に通じていない私には、この文言の正確な意味は読み取れません。しかし字づらから解釈すると、この本は浪花文会との約束で、大阪府用の教科書としてつくったのではないから、大阪府では教科書用として売ってはいけないと、社長が各販売店に指示を出しているように読めます。とすれば

こう解釈すれば、大阪府以外の地域では教科書として売ってよいとなります。とすれば仙仙次郎少年はやはりこの本を教科書として使ったとなりましょう。

しかし、この奥書には更に、右の文に先だって、「明治十三年十一月二十五日に版権免許、同年十二月二十一日に出版、同十五年五月三十一日に再版御届」とあります。この文言も、意味はよく分かりません。分かる範囲で言えば、明治十三年十一月二十五日に版権免許を取得し、同年十二月二十一日に出版。同十五年五月三十一日に再版したので、それをお届けするとなりますが、どこから版権を取得したのか、どこへお届けしたのか。

しかし「浪花文会」のことがわざわざ書いてあるということは、同会と何かトラブルがあったのかもしれません。たとえば、亀谷省軒が著わしたこの『修身児訓』の版権を浪花文会が持っていて、同会が何かの理由でこの本を出版しないことにしたので、執筆者の亀谷省軒が版権免許を同会から買い取り、自費出版したと考えられなくはありません。

しかし、浪花文会との約束により大阪府では教科書として販売してはいけないとなっているという文言が気になります。トラブルが想像されます。何があったのでしょうか。ともあれこんなことが考えられますが、御届先は売捌店となります。浪花文会から版権を取得して出版したこの本を御店に御届けするということなのでしょう。

奥書には更に、「光風社長、著者出版、亀谷行」とあります。亀谷「行」とは何でしょうか。これも推量で言えば、この本は、著者であり社長である亀谷省軒が自ら出版を行ったとなるように読めます。今日で言う自費出版です。しかしお金だけ出したというのでなく出版全体を行ったわけですので自己出版と言った方がいいかもしれません。亀谷行とは亀谷が行った出版という意味のように理解できます。（注）

この本の表紙には「亀谷省軒編」とあります。当然でしょう。自己出版したのですから。しかしなぜ、亀谷省軒はこんなにしてまで自己出版にこだわったのでしょうか。多分、亀谷省軒はこの本には自信があったのだと思います。とすれば、なぜ、浪花文会は出版を拒否し、大阪府での教科書としての販売を拒否したのでしょうか。

類推するに、明治十三年頃から、明治政府の中では教育勅語につながる動きがあって、亀谷省軒のこの本には、国家道徳が抜けていて児童道徳にはよくないとして追放されたように思えます。浪花文会はその先行的役割を果たしたのではないか。

以上はあくまでも私の推量です。しかし当たらずとも遠からずでしょう。この十年後の明治二十三年には国家道徳として「教育勅語」が成立するのですから。そして亀谷省軒のこの著は、この時から日の目を見ることはできなくなります。

私はすごい本に出会えたと興奮しています。私の頭の中では明治の道徳は教育勅語でした。しかし実際の歴史では、子どもの幸せを願う亀谷省軒の『修身児訓』があって、それがとても道徳とは言えない教育勅語に駆逐されてきたということが分かったからです。これをしっかり読むと、みんなで幸せになるための修身の意味が分かってくるような気がします。

この『修身児訓』を現代語的に訳せば、「子どものための修身読本」となります。亀谷がこの本のために書いた「修身児訓序」を読むと、一層そう思えます。

道徳だから守れ、こういう調子のものになっていません。人間とは正邪の分別を持つべきで、この上において、人の道を正しく理解していくことを修身と言うと説きます。先人たちの名言・金言を示して、人の道を示していきます。

戦前・戦中の修身は「教育勅語」でした。この『修身児訓』を読むと隔世の感を覚えます。そして明治の初頭に書かれたこの『修身児訓』が、何であの非道徳的な「教育勅語」にとって替わられなければならなかったのか、改めて考えさせられます。

この『修身児訓』の出現した時代は、維新政府が教育勅語（一八九〇・明治二十三年）を発布して国家道徳で国民統制を始める前の時代にあたります。出版は明治十三年以前ですので。市民にとって比較的自由な時代であったようです。この時代の知識人が修身（道徳）をどう考えていたか。このことを知る上でも、この本は貴重な手掛りとなります。

この「はじめに」の最後に、少し櫻井敬徳との関係を述べておきます。

明治十三年（一八八〇）は、櫻井敬徳（一八三四－一八八九）との関係で言えば、廃仏毀釈の嵐がやっと収まり、仏教世界が見直されてきた時代にあたります。子どもを正しく善に育て、いい国、社会をつくろうという希望に燃えていた時代のように見えます。

ただ、この本は、儒教中心の思想で書かれていて、仏教思想は全面に出てきていないのが、私としては気がかりです。私は梅原猛と同じく、日本仏教が日本道徳をつくってきたという立場に立っていますので。この問題は後日論ずることにします。

注　この『修身児訓』は愛知県内の図書館では、津島市立図書館のみが所有しているということでしたので（常滑市立図書館調べ）、早速連絡をとり、館長の園田俊介氏からいろいろ指導を受けました。「亀谷行」について。園田氏は、「省軒」は雅号だから、「行」が本名のはずで、私のような理解は考えすぎではないかとのご指摘でした。なるほどと私は納得しました。
しかし、私が右に書いた理解、「亀谷行」を亀谷が行ったという理解は、私には意味ある理解と思えて仕方がないのです。だから捨てがたい。それゆえ、そのまま残しておくことにしたのでした。この私の見解が、後日の研究でどうなるか楽しみにしています。正しいとなるのを願っていますが、論拠を挙げてきちんと否定されるなら、それはそれで嬉しく思います。検討してもらえたのですから。

目次

凡例

・この本は、序文は漢文で、本文は文語文で書かれています。
序文の漢文について。翻刻し、訓読しましたが、この訓読は久田流のもので、現代語訳的訓読にしてあります。ご了解ください。しかしこの努力にもかかわらず意味がとりづらかったので、現代語訳を付しました。

本文の文語文について。翻刻しましたが、翻刻のままではとても意味のとれない文章となりますので、現代語訳して示すことにしました。原文を別冊として示しますので、私の現代語訳に疑問を持たれた方は、そちらをご覧ください。
・序文は第一巻に組み込む形で書かれていますが、内容から見て、第一巻の序文でなく『修身児訓』全体の序文になっていますので、この冊子では、全体の序文として示すことにしました。
・これ以降の私の説明文はすべて頭部に「＊」を付けて示します。

『修身児訓』読解

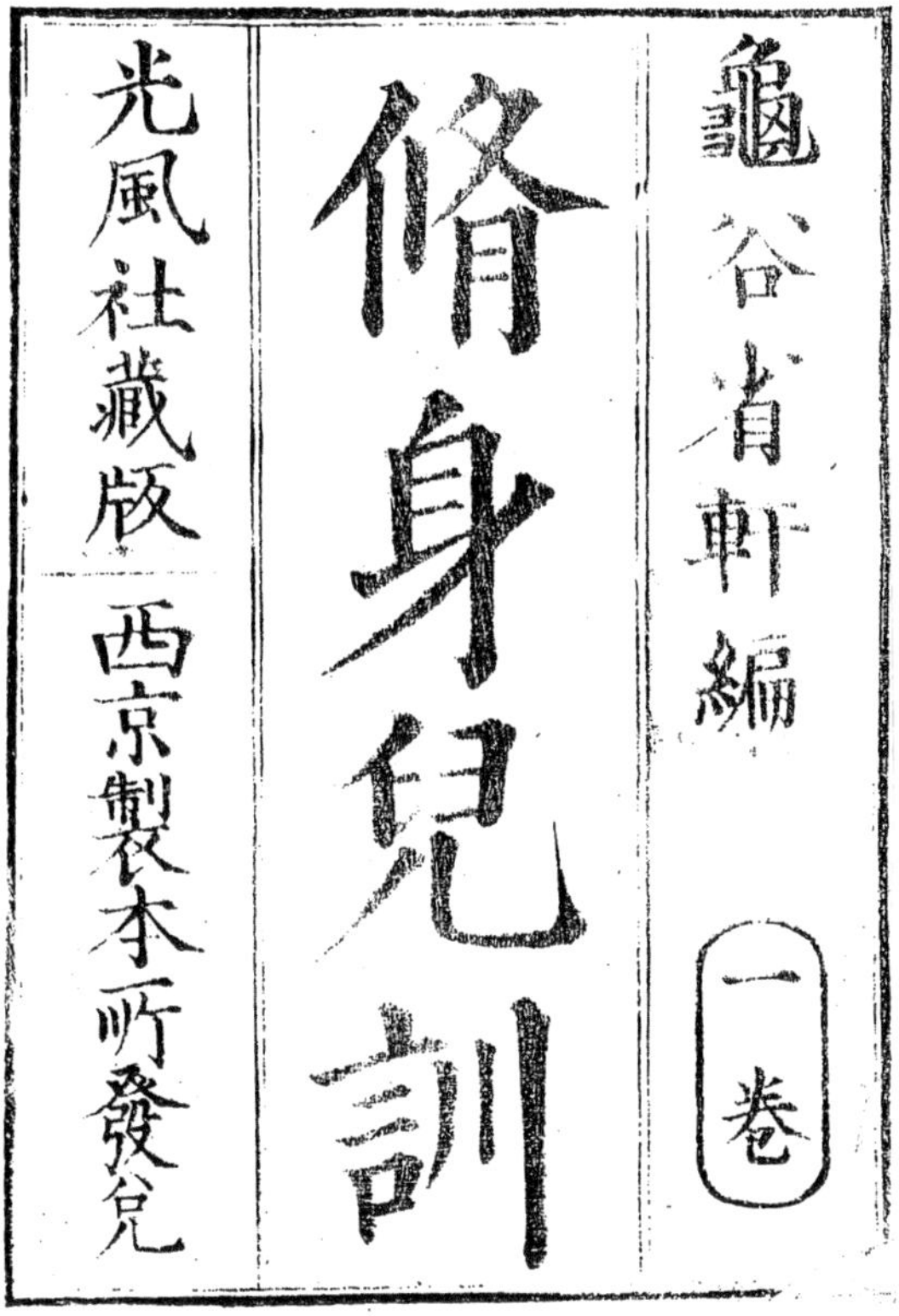
亀谷省軒編　一巻

修身兒訓

光風社藏版

西京製本所發兌

修身児訓の序

易曰蒙以養正。夫蒙者幼稚蒙昧。智識未開。邪正之分惟在所養。使耳目之所**儒染**。無非格言善行。而邪僻不得入其中焉。是謂之善養蒙也。余生西海之陬。幼不得聞道。長好詞章。亦奔走乎功名之途。今也頭髪皤然。閲歴已深。於是乎取経子潜心読之。半世所為。其可悔者甚多。乃欲進修以少過。而未能是雖縁資質魯鈍。亦坐童習無素也。昔者山崎闇斎著大和小学。貝原益軒作大和俗訓。初学訓諸書。其言諄諄。導入極博。今余撰此編。豈敢此二賢。然僻邑之士。或将有資焉者也。

明治庚艮（十三年）冬十二月　　省軒亀谷行撰

［**現代語訳的訓読**］

『易経』に曰く、「蒙（子ども）は養を以て正となる。それ蒙は幼穉［幼稚］にして、蒙昧なり。智識［知識］は未だ開かず。邪正の分かち（邪正を分かつ分別）はただ養の所にあるのみ。耳目の所を**儒染**せしむれば、格言無非にして（格言がなくても）善を行う。しかるに邪僻がその中に入るを得ずとなるがゆえに。これを言いて、善は蒙を養うなり」と。余［私］は西海の陬［僻地、片田舎］に生まれ、幼き（時）に道を聞き得ずして、長く詞章を好む。また功名の途にも奔走す。今や頭髪は皤然として（白くなりて）、閲歴［読書歴］はすでに深し。ここにおいて、経子［経書］を取りて潜心［専心］これを読むに、半世の所為を悔やむべきは、甚だ多かりき。すなわち進修を欲するも以て少過となる。しこうして、資質愚鈍は縁といえども未だ能くならず。坐童（勉強する児童）もまた習うに素なし。昔は山崎闇斎著の『大和小学』や、貝原益軒作の『大和俗訓』がありし。初めて学ぶ（者）の（庭）訓は諸書にあり。その言は諄諄として、人を導くに極めて博かり。今余［私］は、撰［選］してこの（書）を編む。あにあえて二賢（二人）に比せんや。しかれども、僻邑［村］の人、或いはまさに有資の者になるやも。

明治庚艮（十三年）冬十二月

省軒亀谷、撰を行う。

＊名文ですが、意味はとりづらいので、現代語訳を示しておきます。

［現代語訳］

中国の古典の『易経』は次のように言っています。「子どもは養成（教育）によって正しくなるものです。誠に子どもというものは幼稚にして蒙昧なるものです。知識はまだ開かれてはいませんので。それゆえ正邪の分別は、養成の所で必要になるのです。耳目をして**儒染**せしめれば、格言がなくても、善を行うようになります。その理由は、邪僻がその中に入ることが出来なくなるからです。これをはっきり言えば、善は子どもを養成すると言えるのです」と。私は西海の片田舎に生まれました。幼い時に道を聞くことはありませんでした。長い間、詩歌や詩文を好んできました。また功名の道にも奔走しました。今は頭髪も白くなり、読書歴もすでに深くなりました。ここにおいて、古典を手にとって、潜心没頭してこれを読むに、半世紀の自分の行為を悔やむ点は甚だ多くあります。すなわち進修を欲する（修身を深めたいと欲する）も、少にしかできなかったからです。それゆえ、資質の愚鈍なのは縁（うまれつき）といえども、いまだに改善されません。（しかるに）勉強しようとする子どもにもまた、手にする本がありません。昔は、山崎闇斎著の『大和小学』や貝原益軒作の『大和俗訓』がありました。初めて学ぶ道徳は諸本に書かれていて、その言は諄諄として、人を導くに極めて博きにわたっていました。今、私はこれらを選して、本を編みました。先の二賢人に比することはとてもできませんが。そうではありますが、（この本を読んで）僻村の人が、ことによると、まさに有資の人になるかもしれません。

明治十三年　十二月

省軒亀谷が選し出版

＊筆者の亀谷省軒が、易経を引用して、修身の目的は「正邪の分別」を養い、「善」に生きることだと言っています。これを土台にして勉強していけば、善行は自ずからなされるようになると言います。どんな文言が選されているのでしょうか。楽しみです。

＊亀谷省軒は、対馬出身で、漢詩を多く残しています。それゆえ、「西海之陬」に生まれたとか、「詞章」を好んだの言は、真実の述懐のことばとなります。

＊安岡正篤は易学について、「元来易は政治外交の道であり、それは結局倫理道徳に帰し、その人間の倫理道徳は究竟偉大な自然法則と合致すべきことを明らかにした」本と言い、倫理道徳の根本を説いていると言っています（『易学入門』）。ということは、亀谷省軒は

安岡正篤に先行する易学の研究者と言えます。安岡正篤は平岩外四に深く影響を及ぼした思想家です。そして亀谷も及ぼしたことになります。生没年は亀谷省軒（一八三一―一九一三）、安岡正篤（一八九八―一九八三）ですので。

＊この序文には「儒染」の語が見られます。「儒教に触れさせる」という意味でしょう。この言い方から、亀谷が儒教を日本道徳の要と考えていることが分かります。儒者たちの思想を幼児の時に教え、正しい道徳を指導する中で、正しい道徳を身につけてもらいたいという願いが込められています。儒教思想は、「修身斎家治国平天下」です。修身は斎家治国平天下の土台になるというのが儒教思想です。どんな叙述がなされているのでしょうか。興味津津です。

修身児訓巻の一　　亀谷行編

第一章　孝悌（孝悌は人間社会の本。父母の慈愛の心を知りましょう）

○よく父母に仕えること、これを孝と言います。
○よく兄に仕えること、これを悌と言います。
○孝悌は身を立てる本となるものです。
○孝悌を行うには愛敬が必要です。
○愛とは人をいつくしみ疎そかにしないことです。
○敬とは人をうやまい侮らないことです。
○自分より年長者はすべて敬うべきです。
○自分より年少者にはすべて愛を施すべきです。
○弟と妹には最も愛憐を注ぐべきです。
○兄弟は我が同胞です。
○兄弟は和を好み争うことをしないようにしましょう。

○父母の恩は山よりも高くあるものです。
○父母の慈愛を忘れてはいけません。
○（それゆえ）孝養［孝行］を尽すは人の道となるのです。
○孝子は天の恵みを受けます。
○父母が呼ぶ時は速かに行くべきです。
○父母の命に背いてはいけません。
○父母の戒めは謹しんで聞くようにしましょう。
○（ましてや）怒りや恨みをもって聞いてはいけません。
○父母が病にある時は、傍に侍すべきです。
○背を撫でたり足を摩ることを怠ってはいけません。
○家を出入する時は必ず父母に告げるものです。
○告げずして遠くで遊ぶなど、絶対にしてはいけません。

第二章　養生（親の心配は子の病。養生しましょう）

○孔子は言います。父母はひたすら子に病あるを心配するものですと。
○（だから）養生は孝行の一端となります。

○運動を適度に行えば病は少なくなります。
○大食は臓器を損ないます。
○不潔は健康に害があります。
○身体はしばしば沐浴すべきです。
○住む処は日々、掃除すべきです。
○酒と火酒は童児には害があります。
○薬は苦けれども病には利があります。

第三章　師友（師友は大切。人間は学び合って人間になるものです）

○自分の師にあたる人はすべて敬うべきです。
○父母は我を生み、師は我を教えてくれます。
○師に仕えるは、親に仕えるが如くすべきです。
○位が高くなっても驕ってはいけません。
○年長者と坐をともにする時は、下席につくべきです。
○年長者と路で遇えば、必ず会釈をすべきです。
○路を歩く時も年長者の後を歩くべきです。

○早歩きをして年長者に先だつことをしてはいけません。
○善友は親しむべきです。
○悪友は遠ざけるべきです。
○朋友を欺いてはいけません。
○朋友には信義を厚くすべきです。
○朋友は学校において親しむべきです。
○学問は朋友によって進むものです。

第四章　学問と勉強（人間にとって学問と勉強は両輪です）

○学問は人間としての才智を益〔増〕させます。
○学問は人の徳義を長じさせます。
○学ばなければ人は草木と同じです。
○学ばなければ人は牛馬に異ならずです。
○学問する時は、心を一途に用いるべきです。
○西洋の諺は言います。二兎を追う者は一兎をも得ずと。
○人は疲れていても慎みの心を忘れてはいけません。

○勉強は天賦の才に勝ります。
○人生の意義は勉強する所にあります。
○西洋の諺は言います。勤勉は幸福の母ですと。
○勤勉は忍耐を養います。
○ラスキンは言います。忍耐は快楽の根本をなすものですと。
○風雪を経なければ春は来ません。
○西洋の諺は言います。苦を以て楽とすれば、成功はついてきますと。
○安逸に長ずる者は才を開花することはできません。
○スマイルスは言います。貧苦に遇わないことは、人の不幸というものですと。

第五章　言語（言動は人間をつなぐ大切なものです）

○学問する人は言行を慎むべきです。
○西洋の諺は言います。一斤の善行は十斤の学問に勝ると。
○言うは易く、行うは難しです。
○西洋の諺は言います。拙なく行うのは巧に言うのに勝ると。
○問うことがあるならば、その前に答えるべきです。

○問うことがなければ黙すべきです。
○人を笑えば人に憎まれます。
○人を譏（そし）れば人に怨まれます。
○人を罵（ののし）れば人に怒られます。
○人に諂（へつら）えば人に笑われます。
○人の悪事［悪口］は言ってはいけません。
○人の善事をいやしくも誹（そし）ることをしてはいけません。
○楊子雲は言います。言が軽いと憂いを招きますと。
○西洋の諺は言います。口と財布は閉じることが大切ですと。

第六章　容儀と躬行（ふるまいも行為も人間をつなぐ大切なものです）

○朝は早起きして、父母の安否を伺うべきです。
○必ず手は洗い、口は漱ぐべきです。
○髪には櫛を入れ、乱れたままにしてはいけません。
○面［顔］は洗うべきです。垢づいたままではいけません。
○坐する時は端正にすべきです。

○股を開き足を伸ばすは恭しからざる態度です。
○炉端に坐す時、火を弄（もてあそ）んではいけません。
○車上に在っては、眠る事があってはいけません。
○書籍は（大切なものですので）愛惜〔借〕すべきです。
○（それゆえ）書籍は汚し損なうべからずです。
○硯は時には洗うべきです。
○案〔机上〕は常に整頓すべきです。
○壁に字を書いてはいけません。
○席を墨で汚してはいけません。
○理由なしに鳥獣を殺してはいけません。
○戯れに魚鳥を害することをしてはいけません。
○園裏〔公園の中〕の新花を折ってはいけません。
○籠の中で飛禽〔小鳥〕を飼うのはやめなさい。
○高木に上ることはしない。恐らく落ちるでしょう。
○深淵を覗くことはしない。恐らく落ちるでしょう。

○契約は軽々にしてはいけません。
○人と約したら勝手に変更してはいけません。
○恩を受けたら忘るべからずです。
○（逆に）人に恵みを施したら、思わないようにすべきです。
○飢える者には飯を与えるべきです。
○渇したる者には湯水を施すべきです。
○碁と将棋は耽（ふけ）ってはいけません。
○賭博は絶対にしてはいけません。
○人の物は絶対に盗んではいけません。
○窃盗の辱は終身消えません。
○人の財を羨（うらや）むべからずです。
○自分の財は浪費してはいけません。
○行儀は正しく守るべきです。
○父母の誉（ほまれ）を顕わしましょう。

修身児訓巻の一　終

奥　書

明治十三年十一月二十五日　版権免許
同年十二月二十一日　出版
同十五年五月三十一日　再版の御届
此の製本は浪花文会との条約に依り、大阪府の教科用には発売をなすべからず。
東京神田区金澤町十番地
東京府士族光風社長　著者出版　亀谷行
京都製本所
二条通堺町西へ入る
売捌
西京　村上勘兵衛、藤井孫兵衛、大谷仁兵衛、佐々木総四郎、田中治兵衛、杉本甚助
大阪　柳原喜兵衛、岡島真七、梅原亀七
稟准［約束事］
東京光風社（明治十四年の冬以後製本　この紙を以て証となす）

修身児訓巻の二

亀谷行編

第一章　倫常（以下のようにするのが人の道です）

○人間の実学［事業］は、五倫に基づいて起こすものです。（伝家宝）
○凡そ天地父母主君聖人の恩はあい並んで重く、四恩を忘れ背くは人にあらずです。（大和俗訓）
○君に仕えては忠を尽くし、私を忘れ、我が身を顧ることなかれです。（初学訓）
○父母に対しては、顔色を和（やわら）げ、怒気を下ろし、温和を以て仕えるべきです。（家道訓）
○父母や長上が説教することがあれば、首を垂れてこれを聴くべきです。妄りに自らの意見を主張してはいけません。（朱子童蒙須知）

第二章　交際（和の心あれば仇なし。見下しの心はいけません）

○人に交るには厚い心を旨とすべきです。厚い心とは、人を責めずして我を責める心のことです。（大和俗訓）

○自分を責めれば身は修まります。そして、人を責めなければ恨まれるはことは少なくなります。（同上）

○人を犯さないことは簡単にできます。しかし、人が我を犯しても仕返しをしないことは難しいですね。（同上）

○人の心を知って後に交るべきです。知ることなしに友とすれば後悔を生じます。（大和俗訓）

○西洋の諺は言います。交友を見ればその人の品格が分かりますと。

○高尚なる品行の人と共にいると、我が身が高処に引き上げられることが分かります。（品行論）

○善人を見てはこれに習う。不善人を見てはこれを改める。こうすれば、善も不善も、ともに我らの師となります。（伝家宝）

○西洋の諺は言います。悪人に愛せられるは、憎まれるよりも危険ですと。

○誇ることはやめなさい。たとえ私の能が人に勝っていても、私に勝る者もまた多いのですから。（伝家宝）

○他人の長短を論ずる前に、先ず自分の長短はどのようにあるかを知るべきです。（願体集）

○人を害する心を持ってはいけません。そして人を害から防ぐ心をなくしてもいけません。（同上）

○陸宣公は言います。たとえ人が我に背こうとも、自分は人に背くことをしてはいけませんと。

○貧に極っていても倹約しない人とは、親しく交わってはいけません。（願体集）

○富んでも貧しい者を忘れない、身分が貴くなっても賤き者（身分の低い者）を侮らない。（これが大切です）。（初学訓）

○富む時に近づかず、貧しき時に疎まないは、真の大丈夫（大夫）というものです。富む時に近づき、貧の時に手を引くは、真の小人と言います。（願体集）

○程子は言います。富貴ということで驕慢な態度を取る、もとより善いことではありません。しかし学問をして人に驕る害もまた少なからずあるものですよと。

○不肖（下目線）を以て人を遇すれば、愚者といえども甘んぜずです。非礼を以て人を処すれば、賤者といえども怨むものです。（習是編）

○西洋の諺は言います。無益の争論に勝っても益にはなりません。負けるに益ありですと。

○スコルースは言います。自らその身を恭敬しない者は、他者から恭敬を受けることはできません。と。
○人と約束したら信を失うことがあってはいけません。一度信を失なえば、人に非ずと思うべきです。（大和俗訓）
○もしそのことが義に適わず、あるいは力に及ばないことであれば、もとより約束を結んではいけません。（同上）
○省心録は言います。和あれば仇なしです。忍べば辱なしですと。
○径路の狭き処を行くならば、すべて一歩を譲り、先ず人を通すべきです。（願体集）
○西洋の諺は言います。友のために労をすれば、友情を増しますと。
○良友は吾身の宝庫です。もしこれを得んと欲するならば、恵愛信義を以て人と交わるようにすることです。（勧懲雑話）

第三章　言語（人を議るのはよくありません）

○人の過去を、吾が心に知ることがあっても妄りに口に出してはいけません。（大和俗訓）
○人を議るは不仁です。そして我においても益はありません。その人がもしこれを聞けば甚だ害を及ぼすことになるでしょうから。（同上）
○人を議れば人もまた我を議ります。人を議れば、結局、自分を議ることになるのです。

（同上）

○君子とは、人の善を挙げ人の悪を隠し、人の長ずる所を取り短き所を言わない人のことです。（同上）

○口を開いては人を責めるは第一の軽薄です。徳を失うだけでなく、また我が身をも失うことにもなりますので。（伝家宝）

○ただ自分の是［正］のみを言う人は、その心は粗です。その気を浮かべるだけですので。（同上）

○郷里の人物の長短を論じ、野卑な無益の談をなすのはよくありません。（五種遺規）

○佐藤一齋は言います。凡そ人と語るに、彼をしてその長とする所を話させるべきですと。我に益をもたらしますので。

○前の人の長短を説くのはよくありません。自家の背後に眼はあるものです。（小児語）

○孔子は言います。私は人を悪く言う者を憎みます。また下流に居て上を謗る者も憎みますと。

○子貢は言います。その邑に居る時は、その邑の大夫を譏ってはいけませんと。

○荀子は言います。人を傷つける言は、矛よりも甚しい。況や紙筆で形にすればなおさらですと。
○人の過ちを諫めるは、誠があまりあるほどあって、言の足らないのを善とします。(大和俗訓)
○世の中には虚言が多い。それゆえ虚言を信じる人に語れば、吾もまたその虚言の責を負うことになります。(同上)
○喜ぶ時の言は多くしなさい。信を失った人を怒る時に言を多くすれば、その人は体を失うことになります。(伝家宝)

第四章　学問と立志(学問は志を立ててするものです)

○礼記は言います。玉は磨かなければ器になりません。人も同じで、学ばなければ、道に通じることはできませんと。
○孔子は言います。朝に道を聞けば夕べに死すとも可なりと。
○光武は言います。志ある者は、いつにかは成就するものですと。
○伝家宝は言います。男子に志がなければ、鈍鉄に鋼がないのと同じですと。
○佐藤一齋は言います。志を立てることの功は、恥を知る心があるかないかが重要ですと。
○荀子は言います。その人となりは、暇の日(余裕の日々)を多く持てば、人にまさること遠からずですよと。

○顔之推は言います。光陰は惜しむべきです。諸道は逝水に譬えることができますのでと。

○西洋の諺は言います。今日の後に今日はありませんと。又言います。それゆえ、今日の一時は明日の二時よりも貴いのですと。

○程伊川は言います。学ぶ者は必ず師を求めなさい。師を求めることを慎［惜］しんではいけませんと。

○道を教える師は、その恩もっとも重しです。君父と同じように貴ぶべきです。（初学訓）

○技芸の師もまた我に恩ありです。敬重しないことがあってはなりません。（同上）

○良田萬頃（広い良田）も、身につけた一芸には及ばないものです。（願体集）

第五章　倹約と安分（倹約をし、分に合った生活をしましょう）

○管子は言います。人は怠り、奢侈を多くすれば貧しくなり、努めて倹約すれば、富むものですと。

○ベーコンは言います。節倹の要道は小利に意を注ぐよりも、寧ろ小費を省くことの方が大切ですと。

○スマイルスは言います。節倹は家事を治めるの精神ですと。

○ジョンソンは言います。倹約は安静［安全］の基礎となるのみならず、また仁恵の根源となるものですと。
○分に過ぎた福を求めると、かえって禍を招くことになります。（伝家宝）
○分に安じ禍を遠ざければ、福を得ることができます。（同上）
○足ることを知る者は、身は貧しくても心は豊かです。得ることに貪な者は、身は富めども心は貧しいです。（同上）
○礼記は言います。志は満たすべからず、楽みは極めるべからずと。

第六章　生業（職業は生業なるゆえ、勤勉に働きましょう）

○早起きは家の栄えの兆です。遅起きは家の衰えの基です。（大和俗訓）
○リットンは言います。金銭は人の品行に関わります。金銭の事は決して軽率にしてはいけませんと。
○フルラは言います。正経［正規］の職業を持つ人は、その卑賤を恥じることはありません。持たない人こそ恥じるべきですと。
○西洋の語は言います。金を借りに行く者は憂いを取りに行く者と同じですよと。
○西洋の諺は言います。利子を取りたてることより、利子を出すことを心配せよと。

○古語は言います。勤勉は貧しさに勝ち、慎しみは禍に勝ちますと。
○西洋の諺は言います。狡猾にて財を得れば、名望を失いますと。
○又言います。愚者は妄りに財を貯えますが、智者は適宜に財を用いるものですと。
○古語は言います。庶士［役人］も財を取っていいですが、道によるのでなければなりませんと。
○一日の飯を喫せば一日の飯銭を得ることを計るべきです。絶対に虚しく費することがあってはいけません。（願体集）
○佐藤一齋は言います。信を人から得ることができれば、財が足らなくなることはないでしょうと。

第七章　改過（過ちを犯したら改めるのでなければなりません）

○孔子は言います。過ちを犯したら改めるに憚ること［遠慮］があってはいけませんと。
○又言います。過ちて改めないこと、これを過ちと言うのですと。
○左伝は言います。人は誰もが過ちを犯すものです。だから過ちを犯したらよく改める。（これが大切です）。善はこれに勝る善はありませんと。
○西洋の諺は言います。歓楽は若い時より自分の過ちを知る者の中に生じますと。

○韓退之は言います。人がその過ちを知らないのを私は憂います。それゆえ、既にこのことを知りながら改めようとしない態度を、私は勇気のないことと言いますと。
○西洋の諺は言います。若い時の過失は老いて後の悔となるものですと。
○陸桴亭は言います。過ちを改める人は、天気が新たに晴れるのと同じですと。自分自らも快く、人もこれを見ればまた喜びとなるものですから。

第八章　躬行（誠の善は名声を求めない善を言います）

○凡そ一念に悪を思い、一事の悪を行えば、天道に背くことになります。恐るべきことです。（初学訓）
○善をなすことは易いことですが、善を行いながらその名声を求めないことは難しいことです。しかしこれこそが誠の善なのです。（大和俗訓）
○信は心に誠のあることです。心に満ちておれば、それは言行の上にあらわれるものです。（五常訓）
○人の心が信実であることが万事の基です。これこそが人と交るの道です。（同上）
○もし信がなければ、万事すべてが偽となります。人に交りて、何を善かれとすべきかは明らかなはずです。（同上）

○薛文清は言います。人を感動させられないのは、みな誠がいまだ至らないからですと。

○小さな善は益がないなどと言っていてはいけません。逆に不善は小さければ傷つけないなどと言っていてもいけません。（賈誼新書）

○西洋の諺は言います。一身の品行がその危難を防ぎます。一隊の兵馬よりも勝りますと。

○スマイルスは言います。人間世界において真正の権勢と称すべきものは品行ですと。

○薛文清は言います。日用のささいな事もみなまさに謹んで行うべきですと。

○そそっかしくて煩を厭う者に、決して大成する理はありません。（呂氏童蒙訓）

○費元禄は言います。よく煩に耐えれば、天下で何事かを為すことができますと。

○西洋の語は言います。家を出る時は為すべきことを思い、家に帰った時は為さなかったことを思い出しなさいと。

○驕る心を持てば、志は曖昧になります。志が曖昧になれば、人生設計は短絡的になります。（伝家宝）

○名をなすには常に窮苦の日の努力をすることが大切です。逆に、事に敗れるは多くは得意の時によります。（同上）

○今銭があるならば常に銭のなかった日を思いなさい。また安楽ならば常に病患の時を思いなさい。
○西洋の諺は言います。悦楽は勉強によって得る所の賞典（ご褒美）ですよと。
○セシルは言います。多くの事をなすの近道は他にはありません。即時に一事をなすことですよと。
○西洋の語は言います。真正の事業は工夫を用いるに勇気がなければ、得ることはできませんと。
○古語は言います。莫大な禍は寸刻を忍ぶことのできない心から起きるものですと。
○孔子は言います。人が遠き（理想）を考えることをしなくなれば、必ず近きに憂が起きますと。
○一言の過ちも莫大な禍となるものです。一事の失敗も終身の憂いとなります。慎しまなければいけません。（大和俗訓）
○西洋の諺は言います。一年の間善をしなければ、七年の憂いを招きますと。
○魏環溪は言います。世間が第一に敬すべき人は忠臣孝の人です。世間が第一に憐れむべき人は寡婦孤児ですと。
○人が聞くことを欲しないならば、言ってはいけません。人が知ることを欲しなければ、

教えてもいけません。（願体集）
○陸桴亭は言います。天下の何事も、怒りによって錯（間違い）を犯すものです。怒れば忙しくなり、忙しければ間違いを犯すものですのでと。
○程漢舒は言います。人の間違える処を見ては、時々、我が身を返り観るべきですと。
○君子は人を勧めて争をやめさせますが、小人は人を刺激して争を起こさせます。（願体集）
○身を終えるまで、路を譲れども百歩を曲げない。身を終えるまで、畔を譲れども一反を失わない。（これが大切です）。（同上）

修身児訓巻の二　終

奥　書

明治十三年十一月二十五日　版権免許（取得）
同　十三年十二月二十一日　出版
同　十五年　五月三十一日　再販
著者出板　　亀谷行（東京府士族光風社長）

発売書林

東京下谷御徒町一丁目六十七番地

中近堂　東京芝三田〇〇町三番地

中金堂支店　名古屋本町一丁目十八番地

修身児訓巻の三　　　　　亀谷行編

第一章　立志（志は貫くものです）

○道近しといえども行かなかったら届きません。同様に、事小なりといえどもやらなかったら成就しません。（韓詩外伝）

○有志の士は利刀のごとくです。百邪を辟易させます（おそれてしりごみさせます）。無志の人は鈍刀のごとくです。童蒙を侮翫させます（ぶがん・ばかにしてあそばせます）。（言志録）

○人事百般はすべて遜譲を必要とします。但し志は師にへりくだる必要はないし、また古人に対してもへりくだる必要はありません。（同上）

○馬援は言います。丈夫の志というものは窮しては益々堅くなり、老いては益々壮となるものであるべきですと。

第二章　勉強と愛日（勤勉は労苦だけれど黄金。時を大切にしましょう）

○陶淵明の詩は言います。盛年は重ねては来ませんし、一日も再び晨（朝）になることはありません。それゆえ学齢期にはしっかり勉励すべきであって、歳月は人を待ってはくれませんと。

○ボックストンは言います。我が他人より倍以上の光陰［時間］を費やし、倍以上の労苦をするならば、必ず他人が成した事業を成し遂げることはできますと。（欧米立志金言）

○光陰を重んずべきを知るならば、定期［定例・学齢期］を愆［誤］らない習性は、自ずと生じてくるものです。（同上）

○レタルクは言います。辛苦に耐えることは、卓絶の才に進むことを可能にする道です。絶妙の地位は辛苦に耐えた人が獲得する恩賞ですのでと。

○常に労苦することをやめず、職業の繁多なるを嫌わず、世務に任じ、他人と交通し、実務に砥礪する（しれい・励む）ことは、人生の主義（正しい生き方）です。（西洋品行論）

○もし事の成就せんことを望むならば、自ら往［行］ってやるべきです。もし事の成就せんことを望まないのであれば、他人に吩咐（言いつけ）るべきです。（欧米立志金言）

○ナビールは言います。困難が甚だしくなればなるほど、労苦をそれだけ多く費やすべきです。危険が甚だしくなればなるほど、勇気をそれだけ多く露にすべきです。（同上）

○勤勉の人は万物を黄金に化する術［力］を持っています。光陰といえども、またこれを黄

金に化すことができるのです。（同上）

第三章　学問（学問は至道を学ぶものです）

○嘉肴（かこう・りっぱなごちそう）があっても、食わなければその旨（うま）さを知ることはできません。至道（しどう・立派な道理）があっても、学ばなければその善を知ることはできません。（同じです）（礼記楽記）

○朱子は言います。学問の道というものは、敢て言えば、自らを是なり（正しい）とせずに、己を虚しくして、以て人に受け入れられるようにすれば、自ずから得られるようになるものですと。

○また言います。学をなすには、すべからく今を是として、昨を非なるものと覚るべきです。日に改め月に化して、すなわち学は長進するものですのでと。

○薛文清（せつぶんせい）は言います。他事をして、学を好むの心に勝らしめなければ、必ず学は進むものですと。

○倪文節（げいぶんせつ）は言います。書を観ることが一巻になれば、一巻の益がありま す。書を観ることが一日になれば、一日の益がありますよと。

第四章　交際（交際は人を選び、自分を成長させるものにすべきです）

○荀子は言います。私を非として当たる者は私の師です。私を是（ぜ）として当たる者は私の友です。私に諂諛する（てんゆ・こびへつらう）者は私にとって賊となりますと。

○善人は璞玉（はくぎょく・磨かれていない玉）の如きもので、悪人は錐鑿（すいさく・きりやのみ）の如きものです。玉は錐鑿を経なければ器になりません。凡そ我を毀（そしる者は、それゆえ私を成長させるものとなるのです。（紳瑜）

○小人はもとよりまさに遠ざけるべきです。そうだけれどもあらわに仇敵としてはいけません。君子はもとよりだれとでも親しくすべきですから。かといって意見を曲げて、付和雷同をしてはいけません。（顔体集）

○事を人に問うには虚懐の心（きょかい。虚心）が必要です。少しでも挟む所［底意］があってはいけません。人に替わって事を処する時には、周匝（しゅうそう・ゆきわたった配慮）が必要です。少しでも欠ける所があってはいけませんので。（言志録）

○人との談話はしばしばすべきです。しかし長談はいけません。長談は人を倦ませ、人に嫌がられるからです。（智氏家訓）

○人と論ずる時は、すべからく容貌は従容（おだやか）にして、言語は温厚にすべきです。決して劇烈になってはいけません。（紳瑜）

○人の詐り（うそ）を覚るも、これを説破しない。それを自ら愧（はじ）るのを待つのがよいのです。それを愧（はじ）と知らない人をどうして責められますか。（金言）
○人の小過を責めない。人の陰私をあばかない。人の旧悪をいつまでも思わない。この三つは、ただ以て徳を養うことになります。それゆえ害を遠ざけることができるようにもなるのです。（遵生牋八）
○年を取っても徳のない人、貧が極まっても恥ない人、凶悪にして礼を顧みない人、愚謬で礼の明らかでない人、これら四通りの人とはともに暮らすことはできません。（習是編）
○一座の中で、好んで言葉で以て人を弾射［攻撃］する者があれば、私は宜しく端座沈黙して、これを銷［消］すようにします。これを不言の教えと言います。（願体集）
○人の私語するを見、耳を傾けて窃かに聞く（盗み聞きする）ことをしてはいけません。人の私室に入りて、目を側（そばだ）てて旁観することもしてはいけません。（同上）
○隣家に喪あれば、快飲高歌をしてはいけません。新喪の人に対して、劇談したり大笑してもいけません。（紳瑜）
○薛文清（せつぶんせい）は言います。郷人［田舎人］を処するに、みなまさに敬して、これを愛すべきです。三尺の童子といえども、まさに誠心を以てこれを愛すべきです。侮慢

（ぶまん・あなどること）を絶対にしてはいけませんと。
○また言います。微賤の人（びせん・身分の低い人）に対しても、みなまさに誠敬を以てこれをもてなすべきです。忽（ゆるが）せにして、慢（あなど）ってはいけませんと。
○子弟僮僕（子どもやしもべ）の間で、人とあい争う者があれば、ただ、自らは戒飾［戒勅・いましめ］を行うに留めるべきです。怒を別して人に加えてはいけません。（金言）

第五章　処事（何事も熟思して処理しましょう）

○事をなすには、最も宜く熟思して緩処（落ち着いて処理）すべきです。熟思すればその理を理解することができ、緩処すれば、その当（その場にふさわしい決裁）を得ることができますので。（紳瑜）
○遠路に書札（書状）を寄せる時には、まさに前夕においてこれを準備すべきです。発するに臨んで、匆々に（そうそう・慌ただしく）これをすれば、必ず遺漏が多く出るものです。（金言）
○人の書画を借りたら、損汚遺失をしてはいけません。閲覧し畢［終］えたら、ただちに返すべきです。借書［借用］中に、偽字を見つけたら、別紙を以て記出し、本條［本文］の下に置くべきです。（同上）

○貝原益軒は言います。盛怒の時（怒で燃えている時）には、慎（つつし）むべきで、妄りに簡［手紙］を書いたり、言を発してはいけません。これを妄りにすれば必ず悔いが残りますのでと。

○許平仲は言います。盛怒の時には、堅く忍んで動かないようにし、心が平らかになるのを待って、審らかにしてこれに応ずべきですと。庶幾（こいねがわ）くば失なしことを。

○径路（道）の窄［狭］い所では、一歩を留め、人に与えて行かせましょう。滋味な食べ物の時は三分を減じ（控え）、人に譲って嗜んでもらいましょう。これこそが世を渉るの法です。（習是編）

第六章　治産（治産は勤倹が本です）

○ミルレルは言います。工事を勤める［仕事をする］ということは、たとえ極めて労苦の業であっても、その中には無量の楽趣が充満しているものです。それゆえ自らがその身を進修する所以の具となるのですと。（欧米立志金言）

○たとえ卑賤で辛苦の職業であっても、毎日その定課を完（全）うしたならば、その他の時間は尽（ことごと）くみな甜［甘］美なものになるものです。（同上）

○辛苦して賤工をやり、艱難して衣食を得ることは、百事に具足［満足］し枕を高くして眠

るに比して、それ以上の幸せがあるものです。（同上）
○正直に生業［仕事］をして人に害を加えない、己に属さない物は、これをその主に返す。（これが大切です）。（同上）
○和睦の心で勤倹する者は家を必ず隆［栄］えさせ、逆に、乖戻（かいれい・そむきねじける）の心で驕奢な者は家を必ず敗れさせます。この理は劵を操るが如きものです。断々（断固）爽（たが・違）わずです。且つこれを験するに時間はいりません。（金言）

第七章　安分（分に安んじて生きましょう）

○譚子（たんし）は言います。奢る者は富んでも足りないし、倹なる者は貧しくても余があります と。奢る者の心は常に貧しく、倹なる者の心は常に富んでいますのでと。
○分に過ぎて福を求めれば、適々（ゆくゆく）は以て禍を速［招］くことになりましょう。逆に分に安んじて禍を遠ざければ、まさに自ら福を得ることになるでしょう。（紳瑜）
○人の一生は路を行くが如しです。一歩ずつ進むことを以て足れりとすべきです。（欧米立志金言）
○プロサアトンは言います。吾が富は、吾が産業の大なるにあるのではなく、吾が需用の少なきにありますと。

第八章　倫常（人の道を生きるのでなければいけません）

○「白虎通義」は言います。三綱とはどういう意味かと言えば、君臣父子夫婦において、君は臣の綱であり、父は子の綱であり、夫は妻の綱であるということですと。

○孟子は言います。父子に親あり、君臣に義あり、夫婦に別あり、長幼に序あり、朋友に信あり。（これでなければなりません）と。

○貝原益軒は言います。孝は百行の本です。ゆえに人として孝がなければ、その本が先ず駄目になります。他の面で善行の良才ありといえども、見るまでもありませんと。

○曽子は言います。父母がこれ［子］を愛すれば、喜んで忘れないものです。父母がこれを悪いと言えば、懼て恨むことはしません。父母に過ちがあっても、（自分を）諫めて逆らわないものですと。（父母には責任があります）。

○程伊川は言います。病みて床に臥す親を庸医（雇い医者）に委ねる者は、不慈不孝に比せられます。親に仕える者は、医を知らないことがあってはいけませんと。

○父母はその子の顕栄を以て己の幸とします。ゆえに子たる者は、その恩を忘れ、悪業を行い、父母をして心配させることがあってはいけません。（勧善訓蒙）

○兄弟は過失があっても、互いに慎んでこれを隠諱（いんき・かくす）すべきです。（同上）

○人が友悌（ゆうてい・兄弟仲良し）を欲するならば、一身の欲を抑制し、常に兄弟姉妹を恵愛し、その益を思うこと、己の益を欲するがごとくにすべきです。（同上）

○族人（ぞくじん・一門の人）は、みなその祖先を同じくして、共に一家をなすものです。ゆえに互いに信愛し、互いに家名を損せず、これを子孫に伝えるべきです。（同上）

○人がその国を愛敬するは、その父母を愛敬するがごとくにすべきです。もし国において、非理の事があったとしても、これを怨み、それを害してはいけません。（同上）

○グレッセーは言います。我が財貨と我が性［生］命は、我に属する物ではなく、その実は、みな我が国に属するものなのですと。（欧米立志金言）

第九章　厚徳（厚い徳の心は善の心が本です）

○陳幾亭は言います。人に周する（知れる）ことを楽しむ者は、自らが奉ずる心は必ず薄いものです。身を奢る者は恵楚の親に及ばずと言いますのでと。（蓄徳録）

○呉懐野は言います。心の厚い者はその福も厚しですと。量の弘い者はその徳も弘しです。日計では足らなくても、月計では余りが出ることでしょうと。（同上）

○人の短を匿［隠］さない、人の危急を救わない者は、仁義の人にあるとは言えません。（同上）

○君子はよく人の危うきを扶［助］け、人の危急を救います。固よりこれは美事です。誇らなければ、益々善しです。（願体集）
○恩を施したと言っても、後にその報いを得ようとするの念ある者は、善を行ったとは言えません。ただ恩を交換しただけです。これを称誉するには足りません。（勧善訓蒙）
○人は己の産業［生業］を他人の窮乏と比較して、以て恩を施すべきです。（同上）
○小人は専ら人の恩を望みますが、恩が過ぎれば感じなくなるものです。君子は軽くには人の恩を受けませんが、受ければ忘れないものです。（紳瑜）
○私は、人に功あれば、うらやましくは思わないようにしますが、しかし（自分の）過ちは思わないようにはしません。また、人から私が恩を受けたなら、忘れないようにしますが、しかし怨みごとは忘れるようにしています。（同上）
○薄福の者は必ず刻薄です。刻薄であれば、福は更に薄いものとなります。厚徳の者は必ず寛厚です。寛厚であれば、徳は更に厚いものとなります。（同上）
○貧者の悲叫を聞いて感動しない者は誠に薄情と言うべきです。他日自分が悲しみを叫ぶことがあっても、人はこれを聞いて憫（憐）れむことはないでしょう。（勧懲雑話）
○汝が他人を恤［憐］れむならば、人もまた汝を恤［憐］れむことでしょう。汝が善く他人

を遇せば、人もまた善く汝を遇してくれることでしょう。（同上）

○孔子は言います。善をなす者には、天はこれに報いるに福を以てし、不善をなす者には、天はこれに報いるに禍を以てすと。（孔子家語）

○陰徳ある者には陽報があります。陰行ある者には、必ず昭名（名前が昭かになること）があります。（淮南子）

○父母が善を積めば、子孫は家を固くします。父母が善を積まなければ、子孫は家を覆［壊］してしまいます。（勧懲雑話）

○善には善報があり、悪には悪報があります。善悪に報いのないのは、時節いまだ至らずにすぎません。（事林広記）

○劉宗周は言います。一時の人を勧める時は口頭でします。百世［百代］の人を勧める時は書状を以てします。善い本を刊刻し、広く流布させるのもまた、人に善をなすの一端ですと。（劉氏人譜）

第十章　躬行（実践は善の心、恕の心を持ってしましょう）

○薛文清は言います。天地は吾が父母です、凡そ行う所あれば、私はその父母の命に順うことを知るのみです。その他のことで恤［迷？］える遑（いとま）はありませんと。

○また言います。天を敬することは、それゆえ吾が心を敬することより始めるべきです。その心を敬することができなくて、能く天を敬すと言う者は妄動者ですと。
○胡文定は言います。心を立てるには、忠信にして欺かない心をもって主本とするものですと。
○孝悌と忠信は身を立てるの大本です。礼儀と廉恥は己が行う（実践する）時の先務（精神）となるものです。（省心雑言）
○ボックルは言います。知識は日新進動［日進月歩］の活物ですが、道徳は萬世［万世］不易の定則ですと。
○難に臨まなければ忠臣の心を見ることはできません。財に臨まなければ義士の節度を見ることはできません。（省心雑言）
○丈夫は一生、廉恥を重視します。しかし切に（決して）人に求めてはいけません。死と生命にかかわることですので。（続小児語）
○凡そ児童はすべからく、衣冠は整斉にして、言動は端荘［端正］であるべきです。そして廉恥の二字を識ることができれば、自然に正大光明の気象がそなわります。（言行彙纂）
○子貢は質問して言います。一言にして以て身を終えるまで行なうべきものは何ですかと。孔子は言います。それは恕です。自分が欲しない所を人にしてはいけませんと。

○「中庸」は言います。忠恕の道を違［去］ること遠からずですので、諸（これ）を己が実践して願うのでなければ、人に実践させてはいけませんと。

○朱子は言います。己の心を尽くすことを忠と言い、己を推しすすめて人に及ぼすことを恕と言いますと。

○司馬温公はかつて言いました。私には人に過ぎるものはありませんが、しかし平生のなす所の事で、人に対して言えないことは何もしていませんと。（劉氏人譜）

○省心録は言います。昼なした所を夜必ずこれを思い出して、善があれば楽しみ、過ちがあれば懼れる、これが君子ですねと。

○一日の中で、一善の言を聞き、一善の行を見、一善の事を行えば、この日は虚しくすごしたのではないとしましょう。（紳瑜）

○衣に垢がついても洗わない。器が欠けても補わない。こうであっても人に対してはなお慙［恥］じる色はあると言えますが、しかし行いが垢にまみれていても洗わないとか、徳が欠けていても補わないなどとかは、天に対して愧（恥）じる心ないと言ってもいいのではないでしょうか。（樵談）

○程子は言います。言語を慎んでその徳を養い、飲食を節にしてその体を養う。身近なことで、至大なるものにつながるものは、言語飲食に勝るものはありませんねと。

○富貴は伝舎［宿舎］の如きものです。ひたすら謹慎なれば（大切に扱えば）、久しく住むことができます。貧賤は敝衣（へいい・敗れた衣服）の如きものです。ひたすらの勤倹において脱却すべきものです。（習是編）

○家長が礼を知っておれば、男女が勤倹にありながら衰門しても、また必ず、復興するものです。一時の貧富で、論ずるものではありません。（紳瑜）

○政（政治）で要をなすのは、公平と清潔です。家（家政）で道をなすのは、倹約と勤勉です。（省心雑言）

○司馬温公は言います。およそ諸々の卑幼や事の大小に関係なく、専らに（自分の判断で）行うことをしてはいけません。必ず家長に咨稟（しひん）しなさい（相談して指示を受けなさい）と。

○自らを重んじない者は辱を取り、自らを畏れない者は禍を招きます。自らに満足しない者は益を受けます。自らを足れりとしない者は博く聞くからです。（願体集）

○門内で嬉笑や怒罵を聞くことがまれならば、その家範（家憲）を知るべきです。座右に多くの名語と格言を書すれば、その志趣（精神）を知ることができます。（同上）

○楊慈湖は言います。智ある者は問を好んで楽しみます。智なき者は自らの知力を頼って憂いていますと。（蓄徳録）

○人の小過を責めない、人の陰私を発しない。そして人の旧悪をいつまでも思わない。こういう人こそ真の妙人と言うべきです。（紳瑜）

○忍にも弁（区別）があります。勢いを畏れて忍ぶ者を忍とすることはできません。畏れるべき勢いがないのに忍ぶ者を、真に忍と言います。（同上）

○人より恩を受ければ、必ずこれに報いるべきことは、人より借りた金貨を返すべきことと同じです。（勧善訓蒙）

第十一章　警戒（言語は善の心から。注意しましょう）

○荀子は言います。人には三つの不祥があります。幼にして敢て長に仕えない、賤にして敢て貴に仕えない、不肖にして敢て賢に仕えない、これを人の三不祥と言いますと。

○不肖（下目線）を以て人を待遇すれば、愚者といえども甘受しません。非礼を以て人を処すれば、賤者といえども怨むものです。（習是編）

○食を節制すれば病なしです。言も選べば禍なしです。禍が生じるのは天から降ってくるのではありません。みなその口より出てくるのです。（西疇常言）

○およそ宴会では賓客は雑坐しています。質疑問難の時ではないからです。それゆえ、宴会で詩文を講説して自らの博雅を誇るべきではありません。恐らく詩文を知らない者は恨むことでしょう。（金言）

○古人の是非を品評するのは可です。今人の善悪を妄議するのは不可です。恨みを買うのは、多くはこの妄議によります。（言志録）

○才は剣のごときものです。善くこれを用いれば以て身を衛［守］ることができます。逆に善くこれを用いなければ以て身を殺すことになります。（同上）

○人の癖を擬（真似）するは卑夫の好む所ですが、大人・長者は賤しみます。計らざる禍を生むことがあります。（智氏家訓）

○人の善を聞いては疑い、人の悪を聞いては信じ、好んで人の短を説いて、人の長を計ろう（理解しよう）としない。こういう人の平生は必ず悪あって善なしとなりましょう。（願体集）

○自分が人に如（し）かざる（劣る）を怨むことは休（やめ）なさい。自分に如かざる者はなお衆［多］いのですから。逆に自分が人に勝ることを誇るのも休なさい。自分に勝る者もまた多いのですから。（紳瑜）

○常に虚誕［虚言］を説く者が、時に信誠のことを言っても、人はこれを信じないものです。（同上）

○大酔は人に対して不善を増すだけではありません。更に、人の心に有りもしない不善の心を生じさせます。（勧善訓蒙）

○朝食わなければ昼には饑［飢］えます。若くして学ばなければ壮にして惑います。饑える者は忍んだらいいのですが、惑う者は奈何［如何］ともすることもできませんね。（言志録）

○安逸を恣（ほしいまま）にすれば己の失を増し、才能を恃［頼］めば、人の嫉［妬］を招きます。（静寄軒文集）

○私がもし善を行えば、一介の寒士（貧しい人）であっても、人はその徳を感じてくれます。私がもし悪を行えば、位が人臣を極めていても、人はその過ちを問題にすることでしょう。（同上）

○人は貴賎にかかわらず、一日にしなければならないことがあります。もし飽食煖衣（ほうしょくだんい）して、事をしなければ、どうして好結果が得られましょうか。（願体集）

修身児訓巻の三　終

奥　書

明治十三年十一月二十五日　版権免許（取得）　第二十三丁裏七行
同　十四年五月二日　出版　目重複アリ再版ニ
同　十五年五月三十一日　再販　付改正ス
同　十七年四月十一日　三版御届
編集並出版人　光風社長　亀谷行（東京都神田区金澤町十一番地）
発売書林　中近堂　東京京橋区銀座二丁目六番地
中金堂支店　名古屋本重町二丁目四十一番地
中金堂支店　大坂備後町四丁目四十一番地

修身児訓巻の四　　亀谷行編

第一章　厚徳（人の窮乏を救い、人のために働くのが真の徳です）

○今の人は、恩恵を受けても多くは記憶していないのに、逆に人に恵む所があれば、微物といえどもはっきりと覚えています。古人は言います。人に施しては思うなかれと。しかし逆に、施しを受けては忘れることなかれと。（袁氏世範）

○およそ恩沢は、報いることのできない人々に施すものです。すなわち、これこそが陰徳を積む行為なのです。以て子孫に遺（残）すことができます。人に対して怒る時に、敢て弁明させない。これは陰徳を損なう行為です。（言行語彙）

○唐の王仲舒は、宝物を売って橋を澹台湖に築きました。長さは三十余丈。それによって行人を対岸に渡らせます。世間の人はこれを宝物橋と名づけます。後に三子はみな立派な人になりました。（丹桂籍）

○人はみだりに樹木を毀損したり、蒸し餅や果実、その他有益な物を棄てたりしますが、これは天の賜ものを無益に失うという罪になります。もしこれらの物をもって窮貧の者に与

えれば、慈恵の一端になります。(勧善訓蒙)
○晋陵の梅鱗は、生まれながらに平素より義を重んじ、不正不義を正すことを好みました。中年になっても子どもはいませんでした。善を嗜むこと益々篤く、親戚に困窮者がいれば、ただちにこれを救いました。郷党の中の人はみな、仁人とか長者と言って彼をほめます。後に二子を生みますが、家業を巨万にし、寿は七十に至るまで生きました。(丹桂籍)
○高郵の張百戸は准安に行き、舟を湖堤に浮かべます。その時、遙かに小船が波上で浮沈するを見ます。人あり。舟の背に拠りて救いを呼んでいます。張は急いで、白金十両を出して漁舟を呼びてこの小船を救います。近づいて見れば、その子は我が子でした。(同上)
○蜀漢の張裔は若い時、楊恭を友にし善行を積みました。恭が突然に死んでしまいます。残された子は未だ数歳に及びません。裔は恭の母を迎えてこれに仕え、恭の子のために婦を娶らせ、田と家を買い与えます。人はその義を認めます。裔は後に益州の太守となりました。(同上)
○宋の呉奎は若い時は甚だ貧しい生活をしていました。後に資政殿の大学士に叙せられ、青州に知られるようになります。この時奎は、田を買っては貧民を救うための義荘にして、以て族党朋友を元気にさせました。没する日が来ます。その家には余資はなかったと言い

ます。（宋史呉奎伝）

○宋の祖無択の人となりは、義を好み師友を大切にするというものでした。若くして孫明復に従い、経術［経書を研究する学問］を学び、また穆脩に従い、文章力を高めました。両人が亡くなりました。祖無択は努めて彼らの遺文を求め、集めては世に伝えたのでした。（宋史祖無択伝）

○宋の沈倫は大臣の位にあった日、飢える年に遭い、郷人で粟を借りに来た者にはみなこれを貸し与え、ほとんど千石に至りました。後にまたことごとくその券（証文）を焼いてしまわれたのでした。（宋史沈倫伝）

○陳璲の家は甚だ貧しかったので、義を行うことを大切に思い、常に諸子（みんな）を戒めて、以下のように言っておられました。貧乏の者に会えば、よろしく力量に応じてこれを元気にすべきです。もし富を待ってこれをしようとしていたなら、吾が輩が、人を救済することはなかったことでしょうと。（畜徳録）

第二章　躬行（成就の裏には敬する心があります）

○荀子は言います。およそ百事の成就の裏には、必ずこれを敬する心があります。逆に失敗するのは、怠りの心があるものです。ゆえに、敬いが怠りにまされば吉となり、怠りが敬いにまされば凶となりますよと。
○貝原益軒は言います。およそ事をなすには、始めを慎んで終りを慮れば、過ちは少なくなり、悔いも少なくなります。ゆえに事をなすには、先ず思う、思わずして軽率に事をすれば、必ず過ちが生じ、過てば必ず悔いが生じますと。（初学知要）
○また言います。学は思いに基づくものですが、間々に（好き嫌いで）思う雑慮ははなはだ心術にとって害となります。学はすべて胸中において泰然とし、有用の思慮応接を待ってするのでなければなりませんと。
○また言います。軽惰［軽率と怠惰］の二つのものは、学を為す時の大病です。軽率は、まだ得ていないのに得たと勘違いをするし、怠惰はゆったりしすぎて進もうとしないからです。張子は言います。軽率の習慣は直させ、怠惰は戒めさせなさいと。
○また言います。学者はもとよりまさに勉強し怠ってはいけません。またすべからく心の志を寛恕に（広く）して、精神を大切に育てるべきです（愛養）。かくの如くすれば、こせこせすることはなくなり、従容の象が現れます。二つものを並び行って、あい乱さないことが肝心ですと。
○陳了翁は現役を退き間居［閑居］にあるといえども、ふるまいは常におごそかでした。いやしくも無駄口を発することはありませんでした。家人と語っている時、家人は戯れに問いました。これは実ですか実でないですかと。公は退いてから何日も自問しました。そして私はあの小人を欺いたことがあったかと。あの問に意味があるのかと。（劉氏人譜）

○宋の趙康靖はかつて二瓶を机上に置いて、一つの瓶には善念を起こすたびに一つの白豆を投じ、もう一つの瓶には悪念を起こすたびに一つの黒豆を投じました。始めは黒豆を投じることが多かったです。やがて少なくなり、これが長くつづくうちに、善悪かどうかを吟味することもなくなり、瓶に豆を投ずることもなくなりました。（丹桂籍）

○清の張敦復は言います。人間として身を立てようとする時は、奇を好んではいけません。人は倫常において欠けることなく、起居動作で家を治める人を待っています。事ごとの矩度［法則］に合えば、すなわちこれこそ君子の人です。どうして奇を尋ね怪を求める必要がありましょうかと。（聡齋訓語）

○宋の劉元城は司馬温公を見て問いました。心を尽くして行う要道は何で、終身これを行うべきものは何かと問いました。温公は言います。それは誠でしょうと。元城は更に問います。これを行うには何を行うべきかと。温公は言います。妄語をしないことから始めましょうと。（小学）

○中庸に言う、君子が及ぶことのできない所のものは、それはただ人には見えない所のものなのかと。程子は言います。学は闇室を欺かない所から始まるのですと。

○元の許魯斎について。河南を過ぎる道に梨がありました。衆は争い取ってこれを喰らいます。魯斎は独り取りませんでした。ある人が言います。世は乱れて持ち主はいません。これを取っても誰も傷つきませんと。魯斎は言います。我が心が独り主としてありますと。ついに取らずして去ったのでした。（丹桂籍）

○蘇黄門は、日中になした所の事を夜必ずこれを紙に記しました。人はなぜそうするのかと問います。応えて言います。事をなせば必ず天理に従うべきです。あえて記さなければ、天理から離れていきますのでと。（同上）

○ローマ帝のタイタスは、その志において善を行うに熱心でした。毎夜、昼間にしたことを省視し（詳細に調べ）、一善がなければ懊悩して言いました。ああ余は一日を失ったと。（西稗雑纂）

○佐藤一齋は言います。人というものは、遊惰に堕すれば弱になり、一旦困苦に落ちれば凶になり、意が快ければ柔になり、一旦激発すれば剛になるものです。気質の変化することはかくの如しですと。（言志録）

○明の蔡虚齋は言います。道徳ある者は必ず多言をしません、信義ある者は必ず多言をしません、才謀ある者は必ず多言をしません。ただそれの薄い細人、狂人、妄人のみが多言をするのですと。（劉氏人譜）

○明の薛敬軒は言います。人は口を開けば皆よく礼義を談じ、名節を論じますが、しかし、利を見るに及んでは必ず走り、勢いを見ては必ず付いたりする者は、礼義名節が何であるかを知らない者なのですと。（畜徳録）

○宋の邵康節はその子の伯温に告げて言いました。汝はもとよりまさに善をなすべきですが、すべからく力を量ってこれをなすべきです。もし力を量ることをしなければ、善といえどもなしてはいけませんと。

○宋の潘叔度は、呂伯恭と同年で進士でした。叔度は年を長じても、その学は伯恭に如かずでした。そこで首を伏せ、弟子の礼をとって、これを師として仕えました。苦しむ色もなしに。朱子はこれを甚だ賞嘆しました。（劉氏人譜）

○明の太祖は言います。およそ善があっても、自らを誇ってはいけません。自らを誇れば、善は日々削られますので。逆に不善があれば、自らを恕［許］してはいけません。自らが恕せば、悪は日々に茂ってきますのでと。

○また言います。人の常は情が多く、自分の能を誇り、多く人の過ちを言うものです。しかし君子はそうはしません。人の善を揚げて自分の善を誇らないものです。人の過ちをゆるして己の過ちをゆるさないのが君子というものですのでと。

○自らを謙虚にすれば、人は今まで以上に服してきます。自らを誇れば、人は必ず疑うものです。自らが恭になれば、以て人の怒気を平らかにすることができます。自らが貪になれば、必ず人との争端を開くことになります。これらの原因はみな我にあるのです。（金言）

○明の文徴明は、人の過ちを聞くことをよろこびませんでした。言い及ばんと欲する者があれば、必ず巧に、他端を以てこれに変え、その説を終えさせませんでした（話させませんでした）。その孫の震孟は科挙の成績で一位になり、名行（名声と行為）はともに高くありました。（丹桂籍）

○宋の范忠宣は子弟を戒めて言います。人は至愚（おおばか）といえども、人を責める時は聡明になります。だから聡明であっても、己を恕す時は聡明でなくなるものです。そういうことだから、人を責める心で以て己を責めるのでないといけませんと。（習是編）

○韓非子は言います。智は目のごときものです。百歩の外を見ることができても、自分ではその睫（まつげ）を見ることはできません。ゆえに知ることの難しさは、人を見ることにあるのではなく、自らを見ることにあるのです。それゆえに、自らを見る、これこそを明と言うのですと。

○力に余りがあれば好事（よい行い）を行い、力が足らなければ好心（よい心）を持つべきです。なのに力が足らないのに勉めて好事を行うのは、真にこれこそを好事と言うべきです。逆に力に余りがあっても、いたずらに好心を持つだけの場合は、好心とは言えません。（習是編）

○章文懿はかつてこう言いました、学者は身を奉ずるに、華侈（かし・ぜいたく）を好んではいけません。いやしくも、華侈を好めば、必ず貪りをしたくなります。他日、官を降りる時、決して清白であることはできませんと。

○外には安楽なる姿態を現わし、快活なる情状を現わすも、内に深沈［沈着］の性質がなければ、人には尊敬されることはないでしょう。（西洋品行論）

第三章　立志（志は学問の土台です）

○朱子は言います。学をなすにはまずすべからく志を立てるべきです。志が立っておれば、学問は次第に力を着けることができます。しかし志を立てることがなければ、ついに事をなさずに終わってしまうものですと。

○王陽明は十一歳の時、師に問いました。何を第一とすべきですかと。師は言います。書を読み試験に合格することですと。陽明は言います。それは第一の事ではないと思います。第一の事は聖賢になることではないですかと。（畜徳録）

○フヲックスは言います。失敗をしても屈せず、進んでもとどまらない人こそ、吾が望みの深い人なのです。一試して功を成すだけの人は、浮泛（ふはん・浮浪）にして定まらない人にも勝ること遠しでしょう（勝てないでしょう）と。（欧米立志金言）

第四章　愛日（寸陰は惜しむべきです）

○晋の陶侃は言います。大禹は聖人です。寸陰を惜しんだ人だからです。それゆえ衆人においてはまさに分陰［寸陰］を惜しむべきです。どうして逸遊して（気ままに遊んで）荒酔［乱酔］などしていられましょうか。生きている時に益なく、死して後に聞こえる所が無ければ、自分を捨てたと同じではないでしょうかと。

○ある人が、シシリー王のヂヲニシュースに請います。もし間暇（ひま）があれば、願わくば謁見をしたいと。王は答えて言いました。天は我を戒めて、常に間暇あらしめませんと。（西稗雑纂）

○ジャクソンは言います。世上の財貨を耗散（もうさん）しても、後日の倹約によって償う

ことができますが、しかし、今日失う所の光陰を、誰がよく取り戻すことができましょうかと。（欧米立志金言）

第五章　学問（日々新たに学ぶのが学問です）

○司馬温公は言います。書物は諳誦すべきです。ある時は馬上にある時に、ある時は夜中に寝られない時に、その文を詠じ、その義を思えば得る所多しとなりますのでと。

○司馬温公は賓客（ひんきゃく）に対し、賢愚長幼を問うことなく、ことごとく疑事（疑問事）については問いました。いやしくも取りあげるべきことがあれば、手において記録し、ある時は客に対してそれを書いて渡します。おおむねこれを常としました。（自警編）

○程子は言います。君子の学びは必ず日に新たでなければなりません。日に新たなるものは日に進みます。日に新たでなければ必ず日に退きます。未だ進まずして退かざるものはあったためしがありませんと。

○貝原益軒は言います。日々に新たにする者は、一日に一日の工夫をします。一年では三百六十の工夫をすることになります。もし積んで十年に至るならば、その長進する所は、測ることができないでしょう。それゆえに、学者は日々に新たにすることを貴ぶのですと。

第六章　勉強（勉強して見聞を広めましょう）

○中庸は言います。人が一たびでよく理解するのであれば、私は百たびします。人が十たびでよく理解するのであれば、私は千たびします。このようにして人の道をよく理解すれば、愚なりといえども必ず明に、柔なりといえども必ず強になるものですと。

○漢の董仲舒は言います。事は勉強にあって、勉強して学問をすれば見聞が広くなり、智は益々明になります。それゆえ、勉強して道を行えば、徳が日々に起きて、大いに功ありとなりますと。

○漢の盧植は馬融に学び、よく古今に通じました。融の外戚は豪家です。多く歌舞を連ねました。植は侍講（天子に講義すること）すること積年になりますが、未だかつてこれを回顧して自慢したことがありません。融はこの態度を敬重します。（後漢書盧植伝）

○錆（さび）が鉄を腐爛させるのは砥石よりも速いものです。怠惰が人を駄目にするのも工作の労よりも速いのと同じです。（西洋品行論）

○人の一生は、始より終に至るまで経験修練の大学校と見なすべきです。時に艱難辛苦の事に遭遇するとも、これを天命と思い、務めて学習するのでなければなりません。（同上）

第七章　倫常（人の道は父母を敬う心が本です）

○韓伯兪は若い時に過ちを犯しました。母は笞打ちします。伯兪より涙が落ちました。母は言います。他日に笞で討っても、汝は未だかつては泣かなかった、どうして泣くのかと。応えて言いました。昔は笞で打たれて痛かったです。しかし今は母は衰老して力が乏しく、痛くもありません。これを以て泣くのですと。（習是編）

○顧悌は父から書［手紙］があれば、必ず拝跪してこれを読み、句ごとに応諾（おうだく）しました。後に子孫は繁盛して並びなしとなります。（丹桂籍）

○父母は卑賤であっても、自分は幸にして貴き地位を得たならば、父母の恩を忘れてはいけません。尊敬すべきです。もし高位高官に登って、父母の恩を忘れることがあれば、その罪はどう見ても大きいと言えます。（勧善訓蒙）

○貝原益軒は言います。毎日早く起きて家庭を掃除し、まず父母の気色［健康］をうかがい、飲食の好む所を聞いてこれを進め、求めあらばこれに奉じ、勉めて喜びの気持ちでもって尽くすべきですと。（家道訓）

第八章　処世（徳のある生き方をしましょう）

○呂叔簡は言います。世間は行く処、意に払（さわ）る事は多いです。一日として意に払る事のない日はありません。しかし度量が寛ければ、受用はできるものです。心の狭い人は

虚しく懊恨（おうこん）するばかりですがと。（畜徳録）

○人が剛を好めば我は柔でこれに勝ち、人が術を用いれば我は誠でこれを感じ（受け）、人が気を使えば、我は理でもってこれを屈すれば（やっつければ）、天下に処しがたい事はなくなります。（紳瑜）

○人が我に背いても善をなす心を堕［失］してはいけません。徳を施すにあたっては、ただ自からの心に忍びざるの所をなすのみにしなさい。そして未だ報いがなくても責めない。たとえこの点でよくない者に遇っても、ただ一笑に付すようにしなさい。（金言）

○人が善性を発出するのは、患難禍災にあった時よりよい時はありません。たとえば香草が圧搾せられて馥郁（ふくいく）の香気を発するがごときと同じです。（西洋品行論）

○エルスキンの詩は言います。禍難は苦痛を覚えさせるといえども、実は福慶の積塊なのです。しかし、禍難の中より福慶を見いだす人は少ない。余は禍難を以て、余を試みる溶鉱炉とみなし、余を鋳る造銭局と思っていますと。（西洋品行論）

○リクテルは言います。人は貧困を受けると、どうして怨謗（えんぼう）の不平の語を用いるのでしょうか。貧困はあたかも処女の耳を刺す痛みに過ぎないのに。それゆえ、その傷の中に貴重な宝玉を取るようにしないといけませんと。（欧米立志金言）

○衆人が広坐する中では、争論は慎むべきです。争論は必ず党派を起こします。もし衆中に争論が発生したら、温厚な言や戯謔（ぎぎゃく）の語でもって、これを勧解（かんげ）すべきです。（智氏家訓）

○人の謗りが果たして本当ならば、深く自らを悔責（かいせき）すべきです。しかし、身を省みて恥じることがなければ、ただこれを聴かんようにしなさい。前の人は言います。何で謗りを止めんのかと。曰く、弁ずることはないからです。弁ずることにいよいよ努めれば、謗ることが巧になるだけですのでと。（金言）

○およそ族衆［一族の者］で、仮貸（かたい・かしかり）をすることがあっても、自分の力量の厚薄にしたがってすべきです。必ずしも返せとは言わない。たとえその欲が満たされなくて、これを恨むことがあっても、償いを責める時の甚だしさに至ってはいけません。（習是編）

○事を処するには、よく熟思して緩処（かんしょ・ゆるやかに処理）すべきです。熟思すればその情を得ることができ、緩処すればその当を得るものです。軽忽［軽卒］にして忙乱してはいけません。至微至易（身分の低いこと）の者に対しても、みな慎重を以てこれを処すべきです。（同上）

○泛交（汎交・広い交わり）をすれば、費えは多くなります。費えが多くなれば、営みも多くなります。営みが多くなれば、求めも多くなります。求めが多くなれば、辱めを受ける機会も多くなります。それゆえ、事を省いて廉を養い、交わりを慎んで、徳をなすようにすべきです。（願体集）

○高い地位にいても自らを卑しく（腰を低く）すれば、いよいよ光り輝きます。卑しき者が自らを高ぶれば、いよいよ望みなしというものです。（静寄軒文集）

○およそ、国家の礼文制度や法律条例の類をよく熟観し深考できるようになったならば、以て世務に応えるべきで、時宜［適当］な態度に戻らないようにすべきです。（紳瑜）

○富貴の家に貧賤なる親戚の者が出入りするのは、主人に仁愛の厚きことの顕［現］われであって、その家の栄誉となるものです。しかるに、あるいはこれを恥じる者がありますが、これは誤りではないでしょうか。（家道訓）

第九章　交際（交際は道義をもってするものです）

○君子の交わりは、道義をもって会い、志気をもって親しみます。ゆえに、淡きこと水の如しです。だからこの交流は長くつづきます。それに対して、小人の交わりは、勢利［権勢と利益］をもって結び、酒色をもって親しみ、甘きこと醴［甘酒］のごとくです。ゆえ

に、怨みが生じやすいのです。(習是編)

○貝原益軒は言います。君子が人に接する時は、礼譲をもってします。ゆえに争う所はありません。才能を争い、功業［手柄］を争い、権力を争い、意気［気概］を争うのは、みな小人のなす所です。それは礼譲の道ではなく禍を取るの道なのですと。

○人が不義の事をするのを見たら、諫めてこれを止めるべきです。知っていても諫めない。諫める努力もしない。友をして過ちを遂げさせるのは、我が咎（とが）となるものですよ。(智氏家訓)

第十章　家制（主人は一家の模範であるべきです）

○貧富は、ともに勤倹［勤勉と倹約］と関係があります。勤は孜孜（こうこう）と利をなすことではありません。ただ力を竭［尽］くして経営をすることです。倹は鄙吝（ひりん・けち）に堪えることではありません。ただ入るを量りて出費をすることです。(習是編)

○いやしくも節倹をして、その家を保ちその生を送るならば、資産は小なれども精神は大なることを知るべきです。そうせずして、徒に金銭を慕うならば、この人は極めて貧しいと言うもまた正しいのです。(西洋品行論)

○主人は一家の模範です。主人がよく勤めれば、衆（人々）はどうして怠け者になりましょうか。主人がよく倹ならば、衆はどうして奢になりましょうか。主人がよく公ならば、衆はどうして私になりましょうか。主人がよく誠に生きるならば、衆はどうして偽に生きましょうか。（願体集）

○他人の僮僕（どうぼく・子どもの召使い）が私を遇してくれます。ある時は不恭であるのに、彼と私との間で主僕の分け隔てをしません。比較するまでもないでしょう。もし自分の奴僕がこうでなければ、戒飭す（いましめる）べきです。（智氏家訓）

○権家［権勢家］の奴僕は、主人の権威を挟［恃］んで賓客を侮りやすいものです。主人たる者は時々心を用いて、無礼を戒めるべきです。奴隷の無礼を戒めるに十分でなければ、賓客は恨み、その主人を謗るようになるでしょう。（家道訓）

○陳確修は言います。この輩はただ知恵がないために奴僕となっただけです。もし知恵があったら下賤になることはなかったでしょう。このことを心に持っておれば、自ずと苛求（苛斂誅求）するに至らないはずですと。（丹桂籍）

第十一章　改過（改過は反省の心をもってすべきです）

○周子は言います。仲由は自分の過ちを聴くことを喜ぶので、令名［評判］は窮（きわま）りなしです。今人（きんじん）は過ちがあっても、人が規［正］してくれるのを喜びません。この態度は、疾病を護って医を忌むようなものです。もっと言えば、その身を滅しても悟ることなしと同じでしょうと。

○魏の陽固は若い時は、任侠にして剣客を好み、生産を事としませんでした。年が二十六になって始めて節を折って（反省して）、学を好み、ついには博覧の文才を示すに至りました。（魏書陽尼伝）

○唐の李安遠は若い時は、検束［拘束］なしで無頼の徒と遊び、産を破るに至りました。晩年になって、節を折り（反省し）、学に向かい士大夫（人格者）に従いました。いやしくも自分に勝る人がおれば、必ず心を傾けてこれに交わりました。安遠は後に懐州の刺史（しし・長官）になります。（新唐書裴寂伝）

○唐の趙武孟は若い時、遊猟［狩猟］しては獲った所の物を母に贈っていました。母は泣いて言います。汝は書を好まずして放蕩をしています。お前は何を望んでいるのですかと。そして食をとりませんでした。武孟は感激し、ついに力学［りょくがく・勉学］して、右台侍御史となり、『河西人物志一篇』を著わします。（新唐書趙彦昭伝）

第十二章　警戒（勤勉を忘れ、傲慢になってはいけません）

○善をなすのは、重荷を負って山を登るようなものです。志を既に確立したといえども、力がなお及ばないのを恐れるからです。悪をなすのは、駿馬に乗って坂を走るようなものです。鞭策（べんさく・むち打ち）を加えずといえども、足を止めることはできないものですから。（省心雑言）

○堯戒は言います。戦々慄々として、日に一日を慎め。人は山に躓（つまず）くことはないけれど、垤（ありづか・蟻塚）には躓きます。このゆえに、小人はみな小害を軽んじますが、微事を易（あなど）ると、患いを招くに至りますのでと。（初学知要）

○貧賤は勤倹を生じ、勤倹は富貴を生じ、富貴は驕奢を生じ、驕奢は淫佚（いんいつ）を生じ、淫佚はまた貧賤を生じます。これが循環の情理［定理］というものです。（多識編）

○一切の事はともに倹朴誠実を要求します。浮華（ふか）は学んではいけません。浮華は一時を光輝にしますが、究［究竟］においては実事に益はありません。名声を破り、禍をもたらすものはすべて奢侈の致す所です。（石天基知世事）

○ああ人生。世において未だ心と力を労しないものはありません。ある時は心を労して力を労せず、ある時は力を労して心を労せずという具合です。もし心を労せずして力も労せざれば、すなわち饑莩［きひょう・餓死］する無用の人となってしまいます。

○佐藤一齋は言います。少し才能のある者は往々にして、好んで人を軽侮し人を嘲笑したが

ります が、これは失徳と言うべきです。侮り受けた者は徒（ただ）では収まらず、必ず憾［怨］んでこれを譏ります。だから、自分を譏ったことになりますねと。（言志録）

○幼い時にあえて長に仕えず、賤にしてあえて貴に仕えず、愚にしてあえて賢に仕えず。これは人の三不祥（あって欲しくないこと）です。これらはすべて、傲気（ごうき・傲る気持ち）の害の原因となるものばかりです。世の人は、まず傲気を除き去り、わずかな事からなすことを学ぶべきです。（知世事）

○貴くて（地位が高くて）傲慢な人は、気球の膨張して昇騰せるに等しいでしょう。ただその外貌を装飾しているだけで、内部は実に空虚ですので。（勧懲雑話）

○ゲルマン人の語は言います。大人の品行の中で、その瑕疵［欠点］あるを探り出すを以て専務とする人がいますが、痛ましい性情と言うべきですと。（西洋品行論）

○貝原益軒は言います。易は言っています、天道は満つるを欠くと。また古語は言います、多く蔵に収めれば厚く失うと。思うに、これらの言は、多く財を聚［集］めても人の貧苦を救わなければ、必ずその財を失うに至るという意味ですと。

○程子は言います。私は未だ財に嗇（しょく・けち）で、よく善をなした者を見たことがありませんと。また、私は未だ誠のない人で、よく善をなした者を見たこともありません

と。（畜徳録）

○余りがでるのを待って人を救おうとすれば、必ず人を救う日は来ません。（それと同じで）暇があるのを待って書を読もうとすれば、ついには書を読む時は来ないでしょう。（紳瑜）

○人の書籍をひっくり返したり、人の机を塗ったり、人の花木を折ったりして損なうのは、みな人に厭われることです。しかし窃かに人の篋［箱］の中を窺うことは、尤も不可です（よくないことです）。（金言）

○センヘルナルトは言います。自分が他人より害を受けても、これを忍べば転じて有用のものにすることができますが、しかし逆に自分が真実の害となって、苦患を与えたならば、自己の過失によって得たものとなるのですよと。（西洋品行論）

○陳幾亭は言います。君子には二つの恥があります。よくする所を誇る恥とよくせざる所を飾る恥です。よくする所の恥は、謙して以て謙に立ち、よくせざる所の恥は、学んで以てこれを克服すべきですと。

○洪自誠は言います。耳中では常に耳に逆らうの言を聞きますし、心中では常に心に障る事があります。しかしこれらは徳に進み行を修めるための砥石となるものです。逆に、もし言々が耳を悦ばしめ、事々が心を快くするのならば、この生き方をつかまえて、鴆毒［ちんどく・猛毒］の中に埋めるのでなければなりませんよと。（菜根談）

修身児訓巻の四　終

附録

楊子雲＝前漢の人。陸宣公＝唐の人、名贄。程子＝宋の人、兄を明道と称し、弟を伊川と称す。荀子＝周の人、荀卿。光武＝後漢の劉秀を光武帝と称す。顔之推＝齋の人、字は子分。陸桴亭＝明の人、名は世儀。韓退之＝唐の人、名は愈。薛文清＝明の人、名は瑄。費元禄＝明の人。魏環渓＝清の人、名は象枢。程漢舒＝清の人、名は大純。馬援＝漢の人。陶淵明＝晋の人。倪文節＝宋の人、名は思、字は正甫。許平仲＝元の人。譚子＝唐の人、名は峭。陳幾亭＝明の人。呉懐野＝明の人。劉宗周＝明の人。司馬温公＝宋の人、名は光、字は君実。胡文定＝宋の人、名は安国。章文懿＝明の人。陳了翁＝明の人。韓伯兪＝漢の人。呂叔簡＝明の人。倪正父＝明の人。洪自誠＝明の人。周子＝宋の人、名は敦頤。

陳璲＝明の人。蘇黄門、顧悌、陳確修、張百戸、鄭叔通、梅鱗の以上六人はその履歴を詳らかにせず。蓋明［外国］の人なり。ミルレル、ボックル、レノルヅ、ボッコストン、フヲックス、グレッセー、ジョンソン、ジャクソン、エルスキン、ナヒール、ブロザアトン、ベイコン、スコルース、プロナトン、スマイルス、リットン、フルラ、セシル、ウヱリントンの十九人は未だ詳ならざるものありといえども、大抵は英国人に関係する。リクテル＝ゲルマン人。

奥書

明治十三年十一月二十五日　版権免許（取得）
同　十四年六月二日　出版
同　十五年五月三十一日　再販
同　十七年四月十一日　三版御届
同　　年八月　三日　四版御届
編集並出版人　光風社長　亀谷行（東京都神田区金澤町十一番地）

発売書林

中近堂　東京京橋区銀座二丁目六番地
中金堂支店　名古屋本重町一丁目百十一番地
中金堂支店　大坂備後町四丁目四十一番地

修身児訓巻の五　亀谷行編

第一章　勤学（学に努め、尋思推究しましょう）

○先輩がかつて説いていました。後生［後輩］で才性［才能］において人に過ぎたる者は畏れるに足りないが、しかしひたすら書を読み、尋思推究する者こそは畏れるべきですよと。（多識編）

○また言っていました。書を読めば、ひたすら尋思することをしたくなるものです。こうすれば、義理（人の道）の精（理解）も深くなります。それゆえ、尋思の用意を以て書は読むべきです。それゆえ鹵莽（ろもう・粗略）な態度で煩（わずらい）を厭う者には、決して成就する理はありませんと。（同上）

○荻生徂徠は書を見ていて日没になると、外に出て簷際［軒際］に座り、簷際［軒際］でも字が読めなくなると、家に入って居間の燈火に向かいます。ゆえに、読書は朝から深夜に及び、手巻（手に持つ書）を離す時はありません。その平生は光陰を惜しむものでした。大率（だいそつ・おおむね）このようでした。（先哲叢談）

○唐の柳公綽の妻の韓氏は、家法に対し厳粛でした。常に苦参黄連［苦心惨憺］して熊胆（ゆうたん・くまのい）を粉にし、和して丸め、諸子（子ども）が永き夜を読習する時に、これを含ませ、以て勤苦を資［助］けたのでした。（純正蒙救）

第二章　立志（立志の第一は善に向かい悪に背を向けることです）

○およそ出会うところの患難や変故［災難］、屈辱や誹謗、払逆（思い通りにならないこと）の事などは、みな天が私の才能を惜しむゆえのことです。砥礪切磋（しれいせっさ・とぎみがくこと）の点で大地にないものはありません。君子はまさにこれを処理する所以［方法］を慮る（知る）べきです。いたずらにこれを免れんと欲するのはいいことではありません。（言志録）

○氾文正は若くして大節［大義］がありました。富貴や貧賤、毀誉や歓戚において、一つとしてその心を動かしませんでした。慨然（国家の現状を憂うこと）として、天下に志がありました。そして、かつて自らを誦して言いました。士たる者はまさに天下の憂いに先んじて憂い、天下の楽しみには後れて楽しむべきですと。（劉氏人譜）

○王陽明は言います。毀誉栄辱が来ても、独り以てその心を動かさないのみならず、かつこれを取って、以て切磋砥礪（せっさしれい・とぎみがくこと）の大地とするものですと。

ゆえに、君子は手に入れば自得しないことはありませんが、もし誉を聞いて喜び、毀を見て怨むならば、何を以て君子と言うべきでしょうか。

○宋の張子韶は幼い時、苦学をしていました。隆寒［厳寒］の時にも衣服は足りませんでした。郷の人の中には、襲衣（厚手の着物）をもって送ってくれる人がありました。しかし子韶はこれを辞して言います。私は貧困にあります。これはまさに工夫をする時節ということなのです。もし痛切に自らを節抑しなければ、貪欲の心が生じ、廉恥の道を失うことになるでしょうと。（純正蒙求）

○明の陳忠粛は言います。幼学の士（幼い学び人）は、まず人品の上下を分別することを学ぶことが大事ですと。何が聖賢のなす所の事で、何が下愚のなす所の事かについてです。善に向かい悪に背をむける。悪から離れ、善をとる。これこそが幼学においてまず学ぶべき所なのです。（多識編）

第三章　孝友（悪い関係を善い関係にしていくのが孝友です）

○高年［高齢］の人が事をするのは、嬰孺（えいじゅ・幼子）のごときと同じです。銭財の微利を得るを喜んだり、飲食果実の小恵を喜んだり、孩児と玩狎（がんこう・おもちゃ遊び）することを喜んだりするものです。子弟たる者はこういうことをよく知って、彼らの

意に順適すれば、彼らの歓（よろこび）を出し切ることができます。（袁氏世範）

○対馬の人で、陶山訥庵は痩弱（ゆじゃく・病弱）のために、寒さに怯えていました。なのに、六歳の時にあえて襪（べつ・足袋）をつけませんでした。人はなぜかと問います。応えて言うには、母親が手で製したものです。それをどうして足などに付けられましょうかと。（訥庵言行録）

○晋の閻纘は博覧［はくらん・博学］で篤行でした。父は卒［死］し、継母（けいぼ・まま母）は不慈でした。纘は継母に仕えること、いよいよ謹［勤］にしますが、母はこれを怨むこと、ますます甚だしくします。すなわち纘を誣告します。父の金宝を盗むと。しかし纘には怨色はありませんでした。孝謹［孝勤］を怠りません。母は遂に纘の意（心）を理解します。纘は後に中正（官位）になります。（晋書纘書伝）

○陳の蔡徴が七歳の時、母が憂（災難）に遇い喪に服しますが、成人のように服しました。また継母の劉氏を礼します。劉氏の性格は悍忌（かんき・らんぼう）でした。徴の行いを視るに道をもってしません。（しかし）徴は供侍する（供として侍する）ことに、益々慎しみ、初より怨色をなしません。父の景歴は甚だこれを感じるのでした。（南史蔡景歴伝）

○唐の劉審礼は母を早く亡くし、継母に仕えます。継母が少しでも病めば、憂いを容色に現わし、ついには夕にも寝ません。継母の男延景を撫でて、友愛を甚だ篤くします。得た所の俸禄はみな母の処に贈り、以て延景の費を助けます。逆に審礼の妻子は飢寒にありましたが、その安全を意に介しませんでした。（旧唐書劉徳威伝）

○元の郭全は継母の唐古氏に仕えて、甚だ孝子でした。唐古氏は四子を生みます。みな幼かったので、全が自から耕し、以て彼らを養いました。彼らは長じて婦を娶り、各々は財を分け、居を異にすることを求めます。大方の田廬（いおり）や器物のことごとくは、自らは朽弊せるものを取ります。このように唐古氏を奉じていましたが、しかし、甘旨（甘く旨いもの）の乏しきことはありませんでした。（元史郭全伝）

○源義家は、清原武衡・家衡と陸奥に闘いました。弟の義光はその時右兵衛尉で、京にいました。兄の軍に利あらずと聞き、朝廷に願い出て、赴援（ふえん・応援）せんと言います。しかし朝廷は許しません。そこで官を辞して応援に行きます。義家は喜びかつ泣いて言います。私は汝を見ると先君を見るような気がすると。こうしてともに進み、武衡を攻めてこれを破ったのでした。（大日本史）

○隋の牛弘は吏部の尚書（長官）でした。弟の弼がかつて酔って弘の駕車［牛車］の牛を射殺してしまいました。弘が宅に帰ります。妻は迎えて言います。叔（夫の弟）が牛を射殺したと。弘は咎め問うことをしません。ただ答えて言いました。脯（ほじし・干し肉）にせよと。坐定まる（食事の席に着きます）。妻はまた言います。叔が牛を射殺しました。これは大変な事ですと。弘は言いますと。既に知っていますと。書を読むのを止めませんでした。（習是編）

○司馬君は実にその兄の伯康と友愛深くありました。伯康の年は八旬（八十歳）。これを奉ずるに厳父のごとくし、これを保するに嬰児のごとくしました。食うごとに少なくなれば、問うて言います。それでは飢えてしまいますよと。大気が少し冷になれば、その背を拍いて言います。衣は薄いではありませんかと。（劉氏人譜）

○姜肱性は孝友で、兄弟は仲よしでした。若い時は兄弟は夜着を同じくして臥（ふ）しました。甚だ親睦でした。長じてはともに助け合い、少しも離れることはありませんでした。かつて盗みに出合いました。兄弟は死をかけて闘い盗みをさせませんでした。それで兄弟は盗人を許すことができたのでした。（後漢書）

○宋の謝述は若くして、その行為は最高でした。兄に仕えては誠敬を尽くします。次兄の景仁ははじめから述を憎み、彼を遇するに無礼でした。景仁は病気になります。述は心を尽くし、医薬でもって治療します。飲食は必ず後でし、衣は帯を解かずに看病すること累旬

（何十日）にも及びました。景仁は自分の態度を感媿（かんき・恥じ入り）します。かくして友愛は篤くなりました。（劉氏人譜）

第四章　誠実（誠実に生きましょう）

○晋の魏威は徐州の刺史［長官］になりました。清潔にしていて汚れはありません。しかし武帝は彼の父を嘆き、威に対して言います。卿（汝の尊称）と父とではどちらが清潔ですかと。威は応えて言います。臣（私）は遠く及びませんと。臣の父が清潔であるかどうかを私が知らないことを恐れるからです。臣（私）が清潔であることを人が知らないことを恐れるのと同じです。それゆえ臣の及ばないこと遠しとなるのですと。（晋書）

○宋の冠準は年十九にして進士に合格します。太宗は準を採用します。軒（口頭試問）に臨み、たずねられます。年少の者はここで、おうおうにして辞めさせられます。ある人は準に教えて年を増させます。しかし準は答えて言います。準はまさに進取の気象に富んでいます。どうして君を欺くことをしましょうかと。後日準は第（官吏登用試験）に合格します。（宋史冠準伝）

○宋の晏殊は七歳にしてよく文を作しました。帝は殊を召し、進士の千余人と並んで、小廷の中で、試験を受けさせます。殊の神気［気力］は恐れません。筆を援けてたちどころに解答します。帝は嘉賞して、後二日にまた詩賦論を試します。殊は演奏します。しかし申し出ます。臣はかつてこの賦を習っていますと。そして「請う、他題を試されんことを」と。帝はその欺かざる心を愛します。殊は成長して、数々の善を称されるようになります。（宋史晏殊伝）

第五章　謙遜（傲ってはダメ、謙虚であるべきです）

○王陽明は言います。今の人の病痛［欠点］は、ただ一字「傲」の字にありますと。千罪も百悪もみな傲より生じています。「謙抑」がすなわちこれの対症の薬となる語です。謙抑はただ外形が「恭敬」に似ていますが、それだけでなく、自らを視る（内省する）ことを含みます。こうすれば、歉然（かんぜん・満足しないこと）を学ぶことができ、不足の処が見えてくるものです。不足の処あるを見れば謙虚になれます。わずかなことです。謙虚で、益を受けるようにしましょう。（習是編）

○明の袁坤儀は言います。私は、つねに寒士（地位の低い人）が達成しようと努力しているのを見るに、その中に、必ず一段の謙光の気があることに気づかされます。恂々欵々として（うやうやしくして）、あえて人の先には立ちません。ある時は侮り受けても答えませんし、ある時は謗りを聞いても弁明しません。人はこれを見て、愛すべきだと思い、敬す

べきと思うのではないでしょうかと。（同上）

○明の王耐軒は言います。人の病は好んで自分の長を談ずる所にありますと。功名に長ずる者は、ややもすればすなわち功名を誇り、文章に長ずる者は、ややもすればすなわち文章を誇ります。しかしこれらはみなその長ずる所を露わにするだけで、その長ずる所を養う（陶冶させる）ことにはなりません。だから智者は誇りません。そしてよくその長を保ち養い育てていきます（陶冶させていきます）と。（畜徳録）

○貝原益軒はかつて京師より帰る道を海上に取りました。同船の者は数人。中に一人の少年がいました。意気は傲然としていて、頭を掉（ふ）り、饒舌（じょうぜつ）でした。経義（けいぎ・経書）を講じだします。益軒は沈黙して、竦聴（しょうちょう・謹んで聞くこと）していました。字を知らない者のようにして。船は岸に到着します。各々はその姓名と郷里を告げて下船します。少年はその時、益軒たるを知り、大いに恥じ、ついにその姓名を告げずに、鼠竄（しさん・ねずみのように逃げ隠れること）して去ったのでした。（先哲叢談）

○明の呉琳は吏部［役所］に入り、致仕［退職］し、今は家居の身です。上（かみ）はかつて使者を出し、これを観察せしめます。使者はひそかに公の旁舎（近くの家）に行き、一農人が秧［苗］を抜き田に布するを見ます。顔だちは甚だ端正でした。使者は問うて言います。ここに呉の尚書［手紙］があります。この人の家はどこにありますか。公は手を休め、応えて言います。琳は私ですと。使者はこの状況を申し上げます。上はこれを重んじ、また召して原官に戻しました。（座右編）

第六章　厚徳（困っている人を助けるのが徳の心です）

○形体が残欠の人、つまり痴愚・聾瞽・瘖瘂の窮民を欺いたり侮って、戯玩してはいけません。形容して談笑してもいけません。まさにその五官四体の全たからざるを思い、よろしく急いで施済すべきです。（習是編）

○鰥（男のやもめ）・寡（女のやもめ）・孤（みなしご）・独（ひとりもの）の者は、窮すること、言うまでもない人たちです。尋常の飢寒の者に比して、更に憐れむべきです。ゆえに仁を施すには、必ずこの四つの者を先にすべきです。（同上）

○仁愛は、その性命［生命］と産業を失わんとする者、及び窮乏なる者を扶助することです。悪人のために襲撃・劫掠に逢った者を保護することです。老衰重病にて、自ら生計をなすことのできない者を救済することです。不幸な者を慰撫（慰めいたわること）するのが仁愛です。（勧善訓蒙）

○宋の王棠家はすこぶる厚徳の人でした。子のないにより、努めて善事を行いました。かつては大燈を要路に建て、暗夜の日には点じて行人を照らしました。また小燈を百枚設け（作り）、黒［闇］夜に遠くへ帰る者に遇えば、これをあげました。天より雨がふれば、木履・雨傘を施し（与え）ました。かくのごとくすること数年、連続して二子が誕生します。聡明穎異（えいい）にして、みな進士となりました。（丹桂籍）

○明の江文輝は諸生［学生］でした。台試に就く（受験勉強をしていました）。友人の与を友にする者は、憑施あり（多くいました）。与が水に落ちて死にます。受験が迫ってきたので、慌てて散じ去ります。江ひとり留まり、与を埋葬してから望みました。試験会場に到着するも、試事［試験］はすでに終っていました。人はみな遠迂（遠回り）したと言いますが、江は自若として、明年、及第するのでした。（同上）

○明の瞿嗣興は好んで人を恵みます。寒士［貧民］がいました。竈に炊烟（すいえん・飯をたく煙）もありません。瞿は銭二十緡（びん）を持って、窓隙に投じます。姓氏も告げずに。里人の中に病人がいました。親心から粥と薬とを調え、これに与えます。みな瞿を頼りにします。以て瞿は全活するのでした。（昨非庵日纂）

○明の陳璲の家居［家］は甚だ貧しくありました。ゆえに義（改革）を行うに急（一生懸命）でした。常に諸子（人々）を戒めて言います。貧乏の者に遇ったら、よろしく力に従ってこれを賑わす（励ます）べきです。もし富を持つのを待ってこれを行おうとするならば、ついには人を済［救］うの期［機会］を失うものですと。（畜徳録）

○明の楊翥（？）は厚徳の人でした。景帝の官僚となります。京師に居を構え、一頭の驢（ろば）に乗っていました。隣の翁が老いて子を得ます。そして驢の鳴くのを聞いて、すなわち驚くのでした。そこで翥は驢を鬻いで（ひさいで・売って）、徒行するようにします。天は久しく雨を降らしつづけました。隣は垣根に穴を穿ち（開け）て、翥の舎［家］に瀦（ちょ）しめます（流し込ませます）。家人（家の者）は、ともに競わんと欲したけれど、翥は言います。雨日は少なく晴日は多い、どうして競うことをするのですかと。

（寄園寄所寄）

第七章　度量（広い度量が人間関係には必要です）

○骨肉の中で歓を失うと、至微に本［素］づいて（些細なことで）、ついには解決できない関係になってしまうものです。歓を失った後は、各々が自ら気負い、自らを肯定して、気を下にしないようにしますので。朝夕の群居が失われてしまいます。しかし一人の人間がまず気を下にして、彼らと話言するようにすれば、かれこれの応酬［会話］はついに平時

のごとくになるものです。（袁氏世範）

○漢の劉寛は倉卒（そうそつ・あわただしいこと）にあるといえども、未だかつて疾言（しつげん・早口）や遽色（きょしょく・あわてた顔つき）をしたことがありません。夫人はこれを試みんと欲します。朝会にあたり、装を厳かにして、すでに訖［終］えるを伺い知って、侍婢（じひ・侍女）をして肉羹（にくかん・肉料理）を奉じさせ、翻って朝衣を汗させようとします。しかし寛は神色［顔色］を変えません。おもむろに言います。羹は汝の手を爛（やけど）させなかったかと。その性度［性格］はかくのごとくでした。（劉氏人譜）

○晋の劉伶はかつて酔っぱらい、俗人と争いました。その人は袂を払いのけ、拳を奮いました。伶は徐ろ［静か］に言います。鶏肋を以てすれば尊拳は心配するまでもないと。その人は笑って止めました。（晋書劉伶伝）

○晋の朱沖は耕芸（こううん・田畑を耕すこと）を以て、仕えていました。隣人は犢（仔牛）を失います。そこで沖が犢（仔牛）を（自分の牛と）認めて持って帰ったと言います。後で犢（仔牛）を林の中で見つけます。大いに恥じて、犢（仔牛）を沖に返します。沖は受け取りませんでした。しかし牛はおり、牛はその禾稼（かか・穀物）を犯します。

そこで沖はしばしば芻（まぐさ）を持して牛に送り、恨む気色はありません。牛の主人はこれを恥じ、再び暴をなすことはしませんでした。（晋書朱沖伝）

○宋の富弼について。人あり。彼の名を呼んで罵辱します。佯（いつわり）であることを知らない者のように。ある人がこれを富弼に告げます。公は言います。他人を罵っているかと思ったと。またその人は言います。明らかに公の名をあげているので、他人を罵っているのではありませんと。公は言います。天下に、同姓同名の者はいませんかと。ついに問わなくなります。罵った者も大いに恥じ入ります。公はついに寿考（長寿）を得、位は相国（宰相）に至ります。子孫は栄貴にして並びなしでした。（丹桂籍）

○宋の韓埼は定武（常備軍）の帥でした。かつて百金を以て一つの玉の盞（杯）を買い、これを珍としていました。吏（役人）が誤って地に落とし砕いてしまいます。座客は驚愕します。吏は地に伏して罪を待ちます。埼は笑って言います。物の破れる（壊れる）のは定数（定め）です。汝のどこに罪がありましょうかと。（昨非庵日纂）

○宋の王昭素について。国子博士として拝されて仕えることになりました。昭素は物を市で［買］うたびに、言う所に従って直［値］を酬［払］い、未だかつて高下を論ぜず（まけろとは言いません）でした。県人（県の役人）は告白します。王は先生が物を買う時に、

高くその価をとることはないと（信じていました）と。（宋史王昭素伝）

○明の王の端毅公恕は南京を巡撫します。呉市に至りました。一人の無頼の男子があって、大酔（泥酔）に乗じて、公を罵りました。しかし公はほぼ怒る色（気配）も見せません。ただ従容として言いました。この人は酔っていますと。吏卒（役人）に命じて、これを向こうにやり、去らしめました。（丹桂籍）

○明の夏原吉は、徳量は閎厚［広厚］であって、人の及ぶ所ではありませんでした。ある人が公に問います。徳量は学ぶべきものですかと。公は言います。幼い時に、犯すことがあれば、怒らなければいけませんと。はじめは色（怒色）を見て忍び、ついには心で忍ぶようになります。（これが）久しければ（長くつづけば）自ずから熟すものです。人と比較したりするものではありません。学んでいくものですからと。（畜徳録）

第八章　躬行（思いやりの心が実践の本です）

○およそ人が人である所以のものは、礼義です。礼義のはじめは容体（ようだい）を正しくし、顔色を斉［整］え、辞令を順守することにあります。容体を正しく、顔色を斉え、辞令に順じる。この後に礼義は備わるものなのです。このように君臣の関係を正しくすれば、父子は親しみ、長幼は仲よくなるものです。こうなった後で礼義は立つに至るので

す。（礼記冠義）

○明の王耐軒は言います。小人の度量は鍼眼（針の穴）のごときもので、物を容れることはできません。心は棘刺（いばら）のごとくで、常に人を害せんと思っています。君子がこれを遇する時は、一には礼を以てし、礼の心の成長を待つべきです。一には黙認をすることですと。（畜徳録）

○端正忠実な人とは、外を飾らないで、自己の用度を倹節する勇気のある人のことです。つまり自己の分限を守る勇気のある人のことです。それゆえ有るを有とし、無いを無として、内外の一致、表裏の間で差のないことが、男子の心腸（心）において、尊貴な品行を建てる基礎となるものなのです。（西洋品行論）、

○古（いにしえ）より、老者［老人］を尊重しない者はいません。古昔のエジプト、スパルタ、ローマ等の国においては、最も老者を敬いました。老者が来るたびに、人はみな必ず席を譲りました。もし年少の者で、老者のために席を譲らなかったら、罪ありとして、これを譴責［注意］しました。（勧善訓蒙）

○士卒が戦場において死を恐れずに奮戦する、この者のみを独り勇者としないで、医師が伝染病を恐れずに病者を治療するのも、官吏が脅迫を恐れずにその職を行うのも、みなこれ

を勇気ある者と言うべきです。（同上）

○田邊晋齋は、かつて一友人の家に詣でました。夜が深くなってから帰りました。すると従僕が、門に立って寒に堪えない姿でいるのを見ます。労（いたわ）って言いました。私は人の許に行き自分は安飽であった。汝ひとりがかくのごとき目にあっている。私の過ちであったと。これより先は、公事でなければ夜行はしなくなりました。（近世叢語）

○漢の王吉は博士諫大夫となった人です。当初の吉の若い時の話です。吉は学問のために長安にいました。東の家には大きな棗樹（なつめのき）がありました。吉の庭中に垂れこんでいました。吉の婦（よめ）が棗を取り、以て吉に食べさせます。吉は後にこれを知って、婦を実家に返します。東の家はこれを聞いて、その樹を伐らんとします。隣里の人（隣人）はともにこれを止めさせます。そこで固く吉にお願いをして、婦を返させたのでした。（漢書王吉伝）

○漢の孔光について。光は禄勲の給事中でした。偶々帰休します。兄弟妻子と燕語［宴語］はしますが、ついに朝省政事の話はしませんでした。ある人が光に問います。温室省の樹は何の木ですかと。光は黙して応えません。更に問われて答える時には蛇語で以て応えるのでした。その泄［漏］らさないことはかくのごとくでした。（漢書孔光伝）

○漢の楊震は東萊の太守となりました。もと挙がって（務めて）いた所の昌邑の令王の密が謁見し、夜、金十斤を懐にして震にやります。震は言います。故人の私は君を知るも、君は故人の私を知りませんと。密が言います。暮夜で知る者はいないと。震が言います。天は知り、神は知り、私も知り、子も知っています。どうして知ることなしと言うのですかと。密は恥じて出ていきました。（後漢書楊震伝）
○北斎の張元について。南隣に二本の杏の樹がありました。杏が熟して、多く元の園中に落ちました。諸々の小児が競って、取ってこれを食べました。元は得た所の物を送ってその主に返すのでした。（北史張元伝）

第九章　交際（他人の長所を見つけ、助け合いましょう）

○人の性行には短所はありますが、必ず長所もあるものです。人と交遊するに、もし常にその短所を見て、その長所を見なければ、時日を同じくすることはできません。逆に、もし常にその長所を思い、その短所を顧みなければ、身を終えるまで交遊することは可能です。（世範）
○自分（の成長）を待つ者は、まさに過ちなき中より過ちあるを求めるべきです。ひとり徳に進むだけでなく、患を許すことが必要になるからです。逆に、人（の成長）を待つ者

は、まさに過ちある中より過ちなきを求めるべきです。厚き徳を持つだけでなく、怨を解くことが必要になるからです。(願体集)

○人は厚密(公的話合い)の時に、私密(私的理由)を以て語ってはいけません。恐らくは一旦(一度)、歓(歓迎)を失えば、前言が口実とされることでしょうから。しかし歓を失う時にも、いろいろ私密の切実さを語ってはいけません。恐らくは忿[怒]りが平らかになって、好(友好)が戻っても、前言を恥じることになりますので。(同上)

○小人は始めから遠ざけるべきです。一飲一食もこれと交接してはいけません。泛然(はんぜん)としてともに知らない関係にあるなら、怨みもなければ、尤(とが・咎)の心も生じません。しかし、もしその才能を愛し、あるいはその勢力を借り、ひとたびともに親密になれば、後来[将来]、必ず大讐をなさん(大きな報いを得ることになるでしょう)。(同上)

○人より托[託]せられた密事は、妄(みだ)りに漏らしてはいけません。もしこれを漏らせば、その人に対して信義を破ったことになります。この行為は、人に属する物件を、妄りに我が意のごとくに用いたのと同じです。(勧善訓蒙)

○およそ事を議する時には、自分の意見を説かないで、人の意見を採用するのを善とします。もし自分が議員となった時は、毎事、適宜に自分の意見を吐露すべきですが、もし議員でなかったら、他人の議（意見）に就くべきです。（智氏家訓）

○人と交際する時には、人の財を費やさせてはいけません。人の費を厭わずして、自分の費のないことを欲するならば、人の費を以て自分を楽とするものです。賤ましい態度です。交際は、心術を完［全］うするのでなければなりません。（家道訓）

○漢の張魚は、梁冀の故吏（友人の役人）でした。冀が誅せられ、魚もまた官を免ぜられ、禁固に入れられます。およそ諸々の交旧（古くからのつきあった人）は、魚のために言を尽くす人はいなくなりましたが、ひとりその友皇甫規のみは、魚を推挙すること前後七次に至りました。（後漢書張魚伝）

○晋の劉真長は王仲祖と同行しました。日旰［日没］になっても食をとりません。相識（知人）で小人の人がいました。飡（そん・夕飯）を貽［贈］ります。肴菓ははなはだ豪華でした。しかし真長は辞退します。仲祖は言います。少し食べて饑［飢］を充たしてはどうか。その後で、苦［懇］ろに、辞退してはどうかと。真長は言います。小人とは共に縁を作すべからずですのでと。（習是編）

○晋の紀瞻は驃騎将軍の常侍となります。瞻は若くして陸機兄弟と親しくあって、かつ善人でした。機が誅せられることになりました。瞻はその家を邮［憂］う点で、周至［周到］でした。機の女［娘］が嫁する時には、資を送ることは自分の女［娘］と同じにしたのでした。（晋書紀瞻伝）

○宋の劉勉之は、学に強［勉］め、書を読みました。その友の朱松卒に属することになります。後事（将来のこと）を考えてこうしたのでした。そして彼の子の熹を戒めるために学を受けさせます。勉之はその家の経理を考え、熹を教えること、子姪（自分の姪）のごとくにします。熹に道が開けてきます。この道は勉之より始まったのです。（宋史劉勉之伝）

第十章　処世（非理の人と争うのでなく、貧賤の痛痒を知ろう）

○省心録は言います。世を渉り、物に応ずる時、横逆（わがままで人をいじめること）で以て我に害を加える者がいます。例えて言えば、草莽（草むら）の中を行って荊棘［茨］で衣が破れるようなものです。しかしその時はおもむろに（慌てずに）、緩めて解くことが大切です。このようにすれば、方寸（心）は労せずして怨みを釈［解］くことができますのでと。（多識編）

○人に非理を加えることがあります。ある時は卑幼の者が無礼を行ったり、ある時は負心の人が恩に報いるに讐をもってしたりします。これらはともに無知の妄人に属するもので

す。また世間には常にいる人たちです。切に願います。彼らと争論すべきでないことを。（知世事）

○富貴の地にいる時は、貧賤の痛痒を知ることが必要です。そして、少壮の時は、すべからく衰老の辛酸を思うべきです。また安楽の場にいる時は、まさに患難の人の景況を体すべきです。傍観（はたで見ること）の地にいる時は、局内人の苦心を知ることが必要です。（昨非庵日纂）

○交友との宴会では、人品は等しくありません。ある者は躬行［実践］に欠ける所があり、ある者は相貌において整っていません。ある者は今は尊顕（身分の高い人）であっても、出身は微［卑］であったりします。言語において、すべからく心に留めて点検すべきです。切に、忌諱（きき・禁句）を犯して、人をして愧恨（かいこん・恥をかかせること）せしめてはいけません。ただ厚道を失うのみならず、怨を人に結ばせもしますので。（願体集）

○石天基は言います。人を誉める言葉は溢れるものであってはいけません。逆に、人を責める言葉も詰めすぎてはいけません。一時に意を述べなくてもいいのです。日後に悔しい心を残さないために。含蓄の妙を知ることが大切です。（知世事）

○梁の陰鏗は官晋陵の太守（長官）でした。賓僚（大事な幹部役人）と宴会を持ちました。かつて酒と炙（焼肉）をもって、觴（しょう・酒宴）の参加者に与えました。衆はみなこれを笑います。鏗は言います。私は儕（仲間）と竟日（一日中）酣飲［酒飲］をしています。今、爵（さかづき）を手にしている者はその味を知りません。こうすることは人情ではありませんかと。侯景が乱に及んだ時、鏗を救う者が一人いました。それは前の觴の参加者でした。（丹桂籍）

第十一章　家制（労苦を楽しみ本業に精を出せば、家は発展します）

○明の倪正父は言います。労苦を楽しんで本業を営めば、その後の衣食は必ず余りが出ます。口腹を縦（ほしいまま）にして、逸楽を事とすれば、その後の衣食は必ず貧窘［貧窮］します。天罰でも人罰でもありません。自らがこれを取ったのですと。（畜徳録）

○貝原益軒は言います。家を保つ道は勤と倹にあります。勤倹であれば、財を失わずして家を保つことができます。二つのものを並び行って、一つも欠いてはいけません。ところで、勤倹の工夫は忍にあって、忍は耐えることです。労苦に耐えてよく勤め、私欲を制して倹約を行うべきですと。（家道訓）

○衣食住の三つのものは自分の分より軽くすべきです。自分に適当と思うのは既に分を越しています。しかし、親を養うのは本（本分）に報いるの道ですから、自分の分（ぶ・立場）を忘れて財を惜しんではいけません。また人を救助する時は、分に従って力を尽くすべきです。これこそが人を憐れみ、人に交わるの道です。（家道訓）

○後事（将来）を慮らない人は、奉養（日常の飲食）を豪勢にし、酒食を多くし、家宅を美しくし、衣服を飾り、費を惜しみません。そして財が尽きれば人に借りるばかりで、心配をしません。財を貸してくれる人がいれば、飽きるまで借りるのです。しかし借りた財には利息がつきます。ますます借りてますます不足して、ついには家を破（破産）することになります。ゆえに、初めより慮って、後の計をなすべきです。（家道訓）

○家の主（あるじ）たる者はその身を修め、その家を興すをもって志となすべきです。まず、父祖より伝えられた財産を失わないことを孝と思うべきです。天災によって財産を失うのは、尽力の及ばないものですが、自分の不徳からこれを失い、あるいはこれを減耗するのは、大なる不孝と言うべきです。（家道訓）

○人の書を借りたならば、汗で損じてはいけません。また、屋漏や烟煤や油膩や猫や鼠、盗みや火等からの防ぎをすべきです。借りた書は筐笥（きょうし・手持ちの箱）の中に置き、見る時にこれを出すべきです。もし汗損したならば、補繕しその過ちを謝し、還すべ

きです。（家道訓）

○人の書を借りたならば、自分の書は置いて、先にこの書を読み終えて返すべきです。早く返せば、人も貸すことを惜しまなくなります。書を人に貸せば、自分の用に欠けることがあります。このことを考え自らを反省すれば、借りた物を長く留め置いてはいけないことが分かります。（家道訓）

○奴婢を使うことは誠に難しいものです。しかしこれを使うに尤道（ゆうどう・よい方法）があります。遠ざければ恨み、近づければ慢（あなど）ります。それゆえ仁愛をもってこれを懐（なつ）け、礼法を以てこれを正すこと、これです。（家道訓）

○主人の奴婢を使う時は、常に礼法を厳しくするのでなければなりません。礼法が忽（ゆるが）せになれば、侮って罪を犯すようになります。ゆえに彼をして侮らせず、怠らしめないようにさせるのが肝要です。しかし、そうだけれど、不慈をして、彼を苦しめるようであってはいけません。（家道訓）

○小人と奴婢は、恩を受けても忘れやすいものです。しかしこれが常態なのです。だからこれを咎めてはいけません。すべて人は恩を忘れるものと思うべきです。これを咎めるのは自分の愚かなる所と思ってください。恩を受けて忘れない人は善人ですが、こういう人は

極めて稀（まれ）ですので。（家道訓）

○晋の陶淵明は彭沢の県令となるも、家累［家庭］の関係で自らは随えませんでした。一力を送り、その子に託して書を贈り、言います。今この力を送ります。汝の薪水の助けとなるでしょう。この子もまた人の子です。善くこれを遇してやってくださいと。（南史陶潜伝）

第十二章　報国（国があって士民の生活は守られるのです）

○人はその身位［身分］の尊卑を問わず、自分の国を裨益（ひえき・応援）することを怠ってはいけません。農夫や商估［しょうこ・商人］や工丁［職人］が、物産を増して国益をなし、学士や識者が、衆庶（庶民）の知識を啓いて国益をなすことは、兵士や官吏が国益をなすことと異なりません。（勧善訓蒙）

○士民（士と民）はみな政府の守護によって、身体や財貨を全うするの益を受けるのですから、その恩に報いるために、家産の多寡に従って租税を政府に納めるべきなのです。（勧善訓蒙）

○唐の趙仁本は殿中の侍御史（秘書官・侍従）でした。会勅がありました。一人の御史を遠くに遣わすという会勅です。同列はかわるがわる辞退します。仁本は行きますと願い出て、言います。君の禄を食めば、君の事で死すのは当然。艱険を跋渉すといえども辞退しない理由ですと。帰国するや、君のおぼしめしに遇い、吏部員の下郎から抜擢されました。（旧唐書趙仁本伝）

○唐の劉詞は功を立て、泌州の団練使に遷（うつ）り、房州にいました。詞は暇の日にも常に甲を被り、戈を枕にして臥します。そこで彼は人に言います。私はこれを以て富貴を取りました。だから一日もこれを忘れることができましょうかと。更に、人の情は習（ならわし）に流れ易いもの。もしひとたびこの筋力を堕［落］したら、何を以て国に報いたらいいのでしょうかと。（五代劉詞伝）

○唐の柳公綽は官兵部の尚書［長官］に登りました。かつて言いました。私は官に蒞［臨］（のぞ）んでからは、未だかつて私の喜怒をもって人に加えたことはありませんと。それで子孫はどうなったか。子の仲郢は天平の節度使となりました。その孫の璞珪等はみな貴顕（身分の高いこと）になりました。（唐書柳公綽伝）

○梁の王彦章は人に対して言いました。豹は死んで皮を残し、人は死んで名を残すと。彦章の忠義はけだし天性から出たものでしょうか。後日戦いに敗れて擒（きん・とりこ）にされます。唐の荘宗はその驍勇（ぎょうゆう・強勇）を愛し、これを全活させることを欲し

ます。彦章は言います。臣は梁の恩を受けました。死でなければ報いたことになりませんと。ついに自ら首を刎ねます。（五代史）

○宋の陳貫は衛州や涇州では知られています。簿書や帑庫や賦租の出入りを自ら撿閲［検閲］しました。かつて僚属に対して言いました。県官の物を見ること、己の物のごとくしなければ、姦［邪］あるものを容れることになりませんかと。州人はその厳を憚［恐］れるのでした。（宋史陳貫伝）

第十三章　警戒（他人を軽蔑しない、受容の心が大事です）

○許容する心があれば、必ず徳は大になります。忍ぶ心があれば、必ず事はうまくいくものです。一毫のことで心に咈［触］ることがあると、勃然（ぼつぜん）として怒ったり、一事のことで心に違うことがあると、憤然として言い立てたりするのは、涵養（かんよう）の力のない者がすることで、薄福の人となってしまいます。人の詐［偽］りを覚［知］るも、言葉として出さなければ、限りなく深い人間味を増すことになります。（昨非庵日纂）

○人が我が意を得て得意になるのを見たら、欣喜（きんき）の心を起こして励ますべきです。逆に人が失意に沈んでいたら、憐憫の心を起こすべきです。人の成（成功）を忌んで敗（失敗）を楽しむのは、どうして人間の関係と言えましょうか。いたずらに自らの心術

（心）を破壊しているだけです。（同上）

○明の劉時卿は言います。二人が同舟にて行く所がありました。一人は性急でした。昼夜の時間を計り、少しでもずれると、がまんできずで、顔は神経質に枯悴の形をしていました。一人は性は緩やかでした。任されれば食事を増やし、寝起きも甘くして、顔色は日に日に潤っています。既に舟は岸に着きました。二人同時に岸に登ります。これを見て、躁心者（慌て者）は戒めとすべきではないでしょうかと。（畜徳録）

○王陽明は言います。後生の美質はすべからく晦養（かいよう・日常の食事）の深厚によりますと。天道も翕聚（きゅうしゅう・集めること）をしなければ、発散することはできません。いわんや人のことです。花の千葉なるものは実をつけません。その英萃（花群）で泄［漏］れ尽くしてしまうからです。（多識編）

○年少の子弟はいまだ世事を経験していません。人情にも達していません。そのために、老人の言を聞くと、迂遠（うえん）に思え、時勢に合わないとして、父祖を蔑視する者も出てきます。しかし、たとえその子に才能があっても、未だ世事を経験していないので、老人の迂遠なるものよりも劣るものなのです。それゆえに年長けて事を経るに及んで、はじめてその言の理あるを悟ることができるということは、知っておくべきです。（家道訓）

○「気」を尚［尊］んで、勝ちを好むは人の常情といえども、小さな利を争って大義を忘れたり、「虚気」を尚んで、実禍を醸（かも）したりしてはいけません。世人はある時は尺地（せまい土地）を争って数千貫を費やしますし、ある時は一言に忿［怒］ってその身を忘れ、以てその親に害を及ぼす者もいます。しかしよく含容忍耐して、人の和解を聞き入れることをすれば、財を省き、力を省いても、身心ともに安寧になれるものです。（願体集）

○数十巻の書を読むことをすれば、自らが高大になったと思い、かつ長者をも凌忽したと思って、同列を軽慢したくなるものです。しかしこうであれば、人がこれを疾［憎］むこと讐敵に対してのごとくとなり、これを悪むこと鴟梟（しきょう・ふくろう）のごとくなります。かくのごときは、学を以て益を求めるからなのです。今反［顧］みるべきは、自らを損なう学びをしないように反省することです。（顔氏家訓）

○狭小卑陋（心の狭いこと）なる心は、他人を軽蔑し、人を非斥［排斥］し、人の過失を索［求］めるを以て務めとします。それゆえ何事を見聞しても、嘲弄罵詈しないことはありません。かくのごとき者は鹵莽（ろもう・愚者）であって、恥じることなく、悪弊に淪［沈］んで、改めることを知らない人なのです。（品行論）

○保靖州の楊大と王周と銭火児の三人は、一人の癡漢［痴呆者］と雨を同じ崖下で避けました。突然虎が前に現れます。三人とも癡漢を押し出し、虎に当てがいます。その時、意［思］わざることに、崖が忽ちにして崩れ、虎は驚いて去っていきます。癡漢は反って難を免れることができたのでした。三人はともに圧死しました。これは、人を損し、己を利する行為の報いというものでしょう。（丹桂籍）

○清の魏天民は子を教えるに、師伝を敬重しました。飲食は必ず親から視するもの。そして言います。人がその子孫の賢くなることを冀（こいねが）いながら、その師を敬しないのは、身を養わんと欲しながら、反ってその衣食を損するのと同じですよと。（今世説）

修身児訓巻の五　終

奥　書

明治十三年十一月二十五日版権免許

亀谷省軒閲

同　十四年　六月　　二日出版
同　十五年　五月三十一日再版
同　十七年　四月　十一日三版御届
同　　年　八月　　三日四版御届

修身児訓字引
右は類本あり。亀谷光悦
を以て新本とす。

東京府士族光風社長
編集並びに出版人　亀谷　行
東京神田区金沢町十一番地

発売書林
中近堂　東京京橋区銀座二丁目六番地
中近堂支店　名古屋本重町一丁目百十一番地
中近堂支店　大坂備後町四丁目四十一番地

引用された思想家と出典

思想家名と出典名の下につけた①②③④⑤の数字は、出典の巻数です。①は巻の一を示すという意味です。**太字**の思想家名は、筆者の亀谷省軒が、巻の四の末尾に「附録」として掲げた思想家です。中には①②③④⑤の数字のついていない思想家もいますが、本文中で見つけることができなかったためです。また本文と附録で名前が異なっている場合は、附録の方の名前を（　）で示しておきました。

恥ずかしながら、この項にはかなり間違いがあるものと思います。漢籍の理解の乏しい私の力量を超えていますので。人名のよみにして既に間違いがあることでしょう。ここが間違っておれば、その上に立っての叙述にくるいが出てくるのは当然です。書くべきでなかったかもしれません。しかしここで「引用された思想家と出典」を知っていただくことは、亀谷省軒がどれだけ誠実にこの本を編集しているかを知っていただくことにもなります。まさに「儒染」のための努力です。あえて書いた次第です。間違いや理解不足を目立たないようにするには、分かっていることを書くに留めるのが鉄則です。全く分からない思想家や出典には「?」を付し、分かっている思想家については出身国と時代のみを記すことにし、出典についてはありきたりの説明に留めました。しかし間違いは多いことでしょう。

思想家

晏殊（あんしゅ）は中国北宋の人⑤　陰鏗（いんけん）は中国南北朝の人⑤　**ウエリントン**は？　**エルスキン**は？④　袁坤儀（えんこんぎ）は？⑤　閻纉（えんさん）は？⑤　王栄家（おうえいか）は中国宋の人⑤　王吉（おうきつ）は中国漢の人⑤　王彦章（おうげんしょう）は中国唐の人⑤　王昭素（おうしょうそ）は中国宋の人⑤　王耐軒（おうたいけん）は中国明の人⑤　王仲祖（おうちゅうそ）は中国晋の人⑤　王陽明（おうようめい）は中国明の人④⑤　荻生徂徠（おぎゅうそらい）は江戸の人⑤　貝原益軒（かいばらえきけん）は江戸の人②③④⑤　郭全（かくぜん）は中国元の人⑤　夏原吉（かげんきつ）は中国明の人⑤　韓琦（かんき）は中国宋の人⑤　**顔之推**（がんしすい）は中国南北朝の人②　冠準（かんじゅん）は中国宋の人⑤　管子（かんし）は中国春秋の人②　**韓退之**（かんたいし）は中国唐の人②　韓非子（かんぴし）は中国戦

国の人④　**韓伯兪**（かんぱくゆ）は中国漢の人④　魏威（ぎい）は中国晋の人⑤　紀瞻（きせん）は中国晋の人⑤　**魏環溪**（ぎかんけい）は中国清の人②　魏天明（ぎてんめい）は中国清の人⑤　牛弘（ぎゅうこう）は中国隋の人⑤　堯戒（ぎょうかい）は？④　姜肱性（きょうこうせい）は？⑤　**許平仲**（きょへいちゅう）は中国元の人③　許魯齋（きょろさい）は中国宋の人④　**グレッセー**は？③　瞿嗣興（くしこう）は中国明の人⑤　**倪正父**（げいせいふ）は中国明の人⑤　**倪文節**（げいぶんせつ）は中国南宋の人③　孔光（こうこう）は中国前漢の人⑤　孔子（こうし）は中国春秋の人①②③　**洪自誠**（こうじせい）は中国明の人④　**光武**（こうぶ）は光武帝のこと。中国後漢の人②　江文輝（こうぶんき）は中国明の人⑤　皇甫規（こうほき）は中国後漢の人⑤　**呉懐野**（ごかいの）は中国明の人③　呉奎（ごけい）は中国宋の人④　**顧悌**（こてい）は中国三国時代の人④　**胡文定**（こぶんてい）は中国宋の人③　呉琳（ごりん）は中国明の人⑤　蔡虚齋（さいこさい）は中国明の人④　蔡徴（さいちょう）は中国南北朝の人⑤　佐藤一齋（さとういっさい）は江戸中期の人②④　子貢（しこう）は中国春秋の人②③　**司馬温公**（しばおんこう）は中国宋の人③④　司馬君（しばくん）は？⑤　**ジャクソン**は英国人④　謝述（しゃじゅつ）は中国の東晋の人⑤　**周子**（しゅうし）は中国宋の人④　朱子（しゅし）は中国南宋の人③④　朱沖（しゅちゅう）は中国晋の人⑤　朱松卒（しゅまつそつ）は中国宋の人⑤　**荀子**（じゅんし）は中国戦国の人②③　邵康節（しょうこうせつ）は中国北宋の人④　昭素（しょうそ）は中国宋の人⑤　**章文懿**（しょうぶんい）は中国明の人④　**ジョンソン**は？②　**スコルース**は明治の人②　**スマイルス**は英国人①②　陶山訥庵（すやまとつあん）は、江戸初めの人⑤　**セシル**は？②　石天基（せきてんき）は幕末の人⑤　薛敬軒（せつけいけん）は中国明の人④　**薛文清**（せつぶんせい）は中国明の人②③④　センヘルナルトは？④　曽子（そうし）は中国春秋の人③　**蘇黄門**（そこうもん）は中国南北朝の人④　太祖（たいそ）は中国明の太祖④　タイタスはローマ皇帝④　田邊晋齋（たなべしんさい）は江戸中期の人⑤　端毅公恕（たんきこうじょ）は中国明の王⑤　**譚子**（たんし）は？③　仲由（ちゅうゆう）は孔子の弟子④　張裔（ちょうえい）は中国三国の人④　張魚（ちょうぎょ）は中国漢の人⑤　張元（ちょうげん）は中国南北朝の人⑤　趙康靖（ちょうこうせい）は中国宋の人④　張子（ちょうし）は？④　張子韶（ちょうししょう）は中国宋の人⑤　趙仁本（ちょうじんぽん）は中国唐の人⑤　張敦復（ちょうとんぷく）は中国清の人④　**張百戸**（ちょうひゃっこ）は外国の人④　趙武孟（ちょうぶもう）は？④　ヂヲニシュースはシシリアの王④　**陳確修**（ちんかくしゅう）は外国の人④　陳貫（ちんかん）は中国宋の人⑤　**陳幾亭**（ちんきてい）は中国清の人③④　**陳瑢**（ちんすい）は中国明の人④⑤　陳忠粛（ちんちゅうしゅく）は中国明の人⑤　**陳了翁**（ちんりょうおう）は中国明の人④　沈倫（ちんりん）は中国宋の人④　**程漢舒**（ていかんじょ）は中国清の人②程伊川（ていいせん）は中国北宋の人②③　**程子**（ていし）は中国北宋の人で程顥・程頤（ていこう・ていい）の兄弟を言う②③④　**鄭叔通**（ていしゅくつう）は外国の人　**陶淵明**（とうえんめい）は中国晋の人③⑤　董仲舒（とうちゅうじょ）は中国前漢の人④　**ナビール**（ナヒール）は英国人③　陶侃（とうかん）は中国東晋の人④　**梅鱗**（ばいりん）は外国の人④　**馬援**（ばえん）は中国新の人③　伯康（はくこう）は？⑤馬融（ばゆう）は中国後漢の人④　潘叔度（はんしゅくど）は中国宋の人④　范忠宣（はんちゅうせん）は中国宋の人④　范文正（はんぶんせい）は中国宋の人⑤　**費元禄**（ひげんろく）は中国明の人②　富弼（ふひつ）は中国宋の人⑤　**プロサアトン**（プロザアトン）は英国人③　**フルラ**は英国人②　**フヲックス**は英国人④　**プロナトン**は英国人　文徴明（ぶんちょうめい）は中国明の人④　**ベイコン**は一七世紀の英国人②　**ボックストン**（ボッコストン）は英国人③　**ボックル**は英国人③　源義家（みなもとのよし

いえ）は平安末期の人⑤　**ミルレル**は英国人③　孟子（もうし）は中国戦国の人③　陽固（ようこ）は中国魏の人④　**楊子雲**（ようしうん）は中国前漢の人①　楊慈湖（ようじこ）は中国宋の人③　楊震（ようしん）は中国後漢の人⑤　ラスキンは一九世紀の英国人①　李安遠（りあんえん）は中国初唐の人④　陸機兄弟（りくききょうだい）は陸氏の兄弟で、中国晋の人⑤　**陸宣公**（りくせんこう）は中国唐の人②　**陸桴亭**（りくふてい）は中国明・清の人②　**リクテル**はゲルマン人④　**リットン**は一九世紀の英国人②　劉寛（りゅうかん）は中国漢の人⑤　劉元城（りゅうげんじょう）は中国宋の人④　柳公淖（りゅうこうしゃく）は中国唐の人⑤　劉詞（りゅうし）は中国唐の人⑤　劉時卿（りゅうじきょう）は中国明の人⑤　劉真長（りゅうしんちょう）は中国晋の人⑤　劉審礼（りゅうしんれい）は中国唐の人⑤　**劉宗周**（りゅうそうしゅう）は中国明の人③　劉勉之（りゅうべんし）は中国宋の人⑤　劉伶（りゅうれい）は中国晋の人⑤　**レノルヅ**は英国人　レタルクは？③　**呂叔簡**（ろしゅくかん）は中国明の人④　盧植（ろしょく）は中国漢の人④　呂伯恭（ろはくきょう）は中国宋の人④

右の思想家の数は一五一人に及びます。私が見落とした思想家もあるでしょうから一六〇人近くの人数となります。亀谷省軒が「儒染」のためにこれだけの思想家を動員したことが分かります。

「儒染」ですから、中国の思想家が圧倒的に多いのは当然です。また日本の思想家が多いのも当然と言っていいでしょう。しかし帰化した西洋人を別にしても、西洋の思想家を二十五人をも紹介しています。ということは、「儒染」は儒教思想を染み込ませることだけでなく、儒教が持つ善の心と共存の心に共鳴する西洋の思想をも子どもたちに伝えたいということだということが分かります。「哲学者」亀谷省軒を髣髴させます。

しかしその亀谷にして仏教思想についての紹介はないのです。この点は大きな弱点と言っておきます。

出典

・「准南子」は、中国の漢の高祖の孫の准南王劉安が学者たちに作らせた本で、老荘思想でまとめられている。③

・「袁氏世範」及び「世範」は、中国の宋の袁采が著わした地方官の主張集。④⑤

・「欧米立志金言」及び「金言」は明治の初に、脇山義保が編集出版した本。③④

・「家道訓」は貝原益軒の著で、文化二年刊。②④⑤
・「賈誼新書」とは、賈誼が書いた「新書」という意味である。賈誼は中国前漢の人で学者。②
・「韓詩外伝」は中国の前漢の韓嬰が書いた説話集である。③
・「顔氏家訓」は北宋の顔之推が子孫のために書き残した家訓である。⑤
・「漢書王吉伝」は後漢の班固らによって書き残された「漢書」の一つ。⑤
・「漢書孔光伝」は右と同じ。⑤
・「勧善訓蒙」は「泰西勧善訓蒙」のことで、仏人ボンヌの著書を明治の初め頃に、箕作麟祥が訳述した。③④⑤
・「勧懲雑話」は、ドラパルム著の訓蒙の書を、和田順吉が「訓蒙勧懲雑話」として邦訳したもののように思える。明治八年刊。②③④
・「願体集」は中国の原本を毛利琥珀が和解したもので、享保十年刊。②③④⑤
・「寄園寄所寄」は?⑤
・「魏書陽尼伝」は北斉の魏収が編集した北魏の正史の一つ。④
・「旧唐書趙仁本伝」は五代の劉昫らによって編まれた唐の正史の一つ。⑤

・「旧唐書劉徳威伝」は右と同じ。⑤
・「金言」は？③④
・「近世叢語」は江戸時代、角田簡が書いた随筆集。⑤
・「言行彙纂」は？③④
・「元史郭全伝」は元の正史で、清の乾隆帝が定めた。⑤
・「言志録」は江戸時代の儒者佐藤一斎が書いたもので、「言志四録」の第一巻である。③④⑤
・「孔子家語」は中国の魏の時代に、王粛が孔子一門の説話を収集してつくった本である。③
・「後漢書」は後漢の歴史書で一二〇巻に及ぶ。宋の時代につくられた。⑤
・「後漢書張魚伝」は右の書の一つ。⑤
・「後漢書楊震伝」も右と同じ。⑤
・「後漢書盧植伝」も右と同じ。④
・「古語」とは古くからの言い伝えという意味であろうか？②
・「五種遺規」は中国の本。河内屋茂兵衛と同喜兵衛が天保四年に翻刻出版した。②

・「五代史」は中国であった一〇世紀半ば頃の五代の興亡の歴史書。⑤
・「五代劉詞伝」は「五代史記」のうちの一篇。⑤
・「五常訓」は伊達政宗が残した五つの処世術である。江戸時代初期の人。②
・「今世説」は中国清の時代に王卓が書いた文学書。日本では江戸時代に梶川七郎兵衛が出版。⑤
・「菜根談」は中国の古典で洪自誠の著。儒教・老荘・禅宗の思想。④
・「昨非庵日纂」は中国明の時代に鄭瑄によって書された。⑤
・「座右編」は？⑤
・「左伝」は通称で、正式名称は春秋左氏伝。孔子編纂の「春秋」の代表的注釈書。②
・「自警編」は中国明の時代に趙善璙によって書かれた。④
・「習是編」は？②③④⑤
・「朱子童蒙須知」は朱熹の著で、児童の心得が書かれている。②
・「遵生八牋」は中国の明時代の屠隆の作と言われているが、本当は高濂の作。③
・「純正蒙求」は中国南宋の時代に胡晒文によって書かれた。⑤
・「小学」は朱子の著、児童のための自分磨きの本。④

・「樵談」は「樵談治要」のことで、これは一条兼良が足利義尚のために書いた理想的統治論である。③
・「小児語」及び「続小児語」は？②③
・「初学訓」は貝原益軒の著で、享保三年刊。②
・「初学知要」も貝原益軒の著で、儒教入門書である。④
・「事林広記」は中国南宋の時代に、陳元靚が著わしたもので、日用百科の民間書籍である。③
・「晋書閻纘伝」は、「晋書」の一部。「晋書」は中国晋王朝（西晋・東晋）の歴史書で、唐の太宗の詔で作られた。⑤
・「晋書紀瞻伝」は同右。⑤
・「晋書朱沖伝」も同右。⑤
・「晋書劉伶伝」も同右。⑤
・「新唐書趙彦昭伝」は、「新唐書」の一部。「旧唐書」とは別物。北宋の時代に、欧陽脩らによって作られた。④
・「新唐書裴寂伝」も同右。④

・「晋書」は既出。⑤
・「紳瑜」は？③④
・「静寄軒文集」は江戸時代の中期に尾藤二州が著わした漢詩集である。③④
・「省心雑言」は中国の宋時代の李邦献の著で、倫理の本。③④
・「省心録」は、中国宋の時代に林和靖が著わしたもので、日本には和刻本として貞亨三年に出版されている。②③⑤
・「西疇常言」は中国の宋の時代に、何坦によって編まれた。③
・「西稗雑纂」は中村正直・中村敬宇が明治の時代に著わしたもの。④
・「西洋の諺」の原語は「西諺」。よく分からない？①②
・「西洋の語」の原語は「西語」。これもよく分からない？②
・「西洋品行論」及び「品行論」は、中村正直訳述で明治十一年刊。②③④⑤
・「石天基知世事」は、「石天基」の一部。「知世事」という形でも出てくる。石天基著、嘉永年間に出版。④⑤
・「先哲叢談」は江戸中期の儒者原善の著。先哲たちの思想紹介。⑤
・「聡齋訓語」は、張英が編集したものを高沢達校が天保九年に出版したもの。④

・「宋史晏殊伝」は「宋史」の中の一部。「宋史」は元の時代に脱脱らが勅命に基づき編集した宋の時代の歴史書。⑤
・「宋史王昭素伝」は同右。⑤
・「宋史冠準伝」も同右。⑤
・「宋史呉奎伝」も同右。④
・「宋史祖無択伝」も同右。④
・「宋史陳貫伝」も同右。⑤
・「宋史沈倫伝」も同右。④
・「宋史劉勉之伝」も同右。⑤
・「大日本史」は水戸光圀によって作られた歴史書。⑤
・「多識編」は林羅山著で、本草学が思想的に綴られている。④⑤
・「丹桂籍」は明の顔廷表が編んだものを、清の趙松や周王政らが校正してできている。④⑤
・「畜徳録」は中国の清の時代に席啓円によって編集されたものである。出雲寺万次郎によって江戸末期に日本に紹介された。③④⑤

・「智氏家訓」は英国チェストフィールドの著で、明治初年に永峰秀樹が翻訳し出版。③④⑤

・「中庸」は儒教における四書の一つである。当初は礼記中庸編としてあったが、中庸として独立したと言われている。③④

・「伝家宝」は望月誠編で、明治十六年刊。しかしこの修身児訓は明治十三年刊なので、これからの引用は不思議に思えるが、理由はよく分からない。②

・「唐書柳公綽伝」は「唐書」の一部である。「唐書」は「旧唐書」を指し「新唐書」と区別されている。劉昫によって編まれた。⑤

・「訥庵言行録」は江戸の文化年間に大橋訥庵が著わした伝記である。陶訥庵山。⑤

・「南史陶潜伝」は「南史」の一部。「南史」は中国の南朝の歴史書。李大師によって編まれた。⑤

・「南史蔡景歴伝」は同右。⑤

・「白虎通義」は中国の後漢の時代に、儒教経典の解釈を正しくするためになされた論議の学術書である。班固がまとめた。③

・「北史張元伝」は「北史」の一部。「北史」は中国北朝の歴史書。李大師によって編まれた。⑤

・「大和俗訓」は貝原益軒の著で、宝永五年刊。②

・「礼記」は、儒教の経書で五経の一つ。②

・「礼記楽記」は「礼記」の「楽記」編のこと。儒教の礼楽がまとめられている。③

・「礼記冠義」も「礼記」の「冠義」編のこと。元服の儀式がまとめられている。⑤

・「劉氏人譜」は劉宗周の著。彼は中国の明末の人で、朱子学・陽明学を収め自らの哲学的立場を樹立したと言われている。③④⑤

・「呂氏童蒙訓」は呂本中が著わした本。呂は中国南宋の時代の人である。呂氏一族は学問を修める家柄であった。②

研究

私が、不十分で誠に恥ずかしいことなのに、あえて、「引用された思想家と出典」を書いたのは、著者の亀谷省軒の努力を知って欲しかったからです。そして、読者諸氏の協力が得られて、この項が完璧なものになれば、亀谷省軒の努力がどれほどのものであったかも分かってくるはずです。

亀谷省軒は『修身児訓』の「序」で、若者に対する「儒染」の大切さを述べていました。そして「儒染」のためにこの書を編んだとも言っていました。確かにこの本は、中国の儒学者の書物や儒教精神に則って書かれた歴史書からの引用で溢れています。更に日本の学者の貝原益軒や佐藤一齋、荻生徂徠や伊達正宗の名前が出てきますが、彼らは儒学者ですので、これらを加えたら、まさに儒教オンパレードと言えます。

しかしその中にあって、西洋の思想家の思想を、儒教と並んで大切な思想として紹介しているのです。これはとても大切なことと思います。

亀谷省軒は「儒染」によって若者を訓育すると言っていましたが、この思想の紹介の仕方は、西洋の思想も儒教と同じものがあるという認識を示したということになりますので。この認識はとても大切なことです。

私は「四大聖人」と言って、イエス、ブッダ、ソクラテス、孔子の思想を哲学の始祖として尊重していますが、この時代において亀谷省軒がこの思想に到達していたことを意味します。儒染のために、儒教のみならず西洋の思想を援用したのですから。注目すべきだと思います。

西欧化のために西洋思想が必要だったからという理由を言う人がいるかもしれませんが、道徳思想における「儒染」です。儒教道徳に反していたら、とても儒染にはなりません。亀谷省軒が、西洋思想の中に儒教精神を見ていたということなのです。

そうであるとすれば、亀谷省軒の唱える儒染の中味はどういうものになるのでしょうか。『修身児訓』を読んだらすぐ分かります。儒染の中味は、「修身斎家治国平天下」の思想です。しっかりした家庭を築き、みんなの幸せの国づくりをすれば、世は平天下になります。それゆえ、その土台となる修身は、思いやりのある道徳を身につけさせるのでなければなりません。儒染の中味は以上となりましょう。

このすぐ後で、このことを詳しく論じますが、西洋の思想家もこう言っていると言うのが亀谷省軒の見解なのです。何の異質の雰囲気もなく西洋の思想家の思想が書きこまれていますので。

では、亀谷は儒染の中味を、具体的にはどう示したのでしょうか。まず、巻の章立てを見ながら、検討していくことにしましょう。以下の（　）内の文言はその章で述べられている思想を久田が要約したものです。

巻の一

第一章　孝悌（孝悌は人間社会の本。父母の慈愛の心を知りましょう）

第二章　養生（親の心配は子の病。養生しましょう）

第三章　師友（師友は大切。人間は学び合って人間になるものです）

第四章　学問と勉強（人間にとって学問と勉強は両輪です）

第五章　言語（言動は人間をつなぐ大切なものです）

第六章　容儀と躬行（ふるまいも行為も人間をつなぐ大切なものです）

巻の二

第一章　倫常（以下のようにするのが人の道です）

第二章　交際（和の心あれば仇なし。見下しの心はいけません）

第三章　言語（人を譏るのはよくありません）

第四章　学問と立志（学問は志を立ててするものです）

第五章　倹約と安分（倹約をし、分に合った生活をしましょう）

第六章　生業（職業は生業なるゆえ、勤勉に働きましょう）

第七章　改過（過ちを犯したら改めるのでなければなりません）

第二章　躬行（成就の裏には敬する心があります）
第三章　立志（志は学問の土台です）
第四章　愛日（寸陰は惜しむべきです）
第五章　学問（日々新たに学ぶのが学問です）
第六章　勉強（勉強して見聞を広めましょう）
第七章　倫常（人の道は父母を敬う心が本です）
第八章　処世（徳のある生き方をしましょう）
第九章　交際（交際は道義をもってするものです）
第十章　家制（主人は一家の模範であるべきです）
第十一章　改過（改過は反省の心をもってすべきです）
第十二章　警戒（勤勉を忘れ、傲慢になってはいけません）

巻の五

第一章　勤学（学に努め、尋思推究しましょう）
第二章　立志（立志の第一は善に向かい悪に背を向けることです）
第三章　孝友（悪い関係を善い関係にしていくのが孝友です）

第四章　誠実（誠実に生きましょう）
第五章　謙遜（傲ってはダメ、謙虚であるべきです）
第六章　厚徳（困っている人を助けるのが徳の心です）
第七章　度量（広い度量が人間関係には必要です）
第八章　躬行（思いやりの心が実践の本です）
第九章　交際（他人の長所を見つけ、助け合いましょう）
第十章　処世（非理の人と争うのでなく、貧賤の痛痒を知ろう）
第十一章　家制（労苦を楽しみ本業に精を出せば、家は発展します）
第十二章　報国（国があって士民の生活は守られるのです）
第十三章　警戒（他人を軽蔑しない、受容の心が大事です）

以上の章立てにおいて、私が要約した要約文を見ると、「儒染」の中味が分かろうかと思います。端的に言えば、人間の生き方が書かれています。もっと言えば善に生きるのが人間だと書かれていることが分かります。

善に生きるとは哲学に生きるということです。西田幾多郎ではないが、「善の研究」は哲学の研究でした。善に生きるにはどう生きたらいいか。先人に学び、その正しい善を身につけて生きていくことが大切となりましょう。先人たちは善に生き、その思想を残してきた、まさに儒教においてというのが亀谷省軒の考えです。「儒染」ですから。しかしその儒染は西洋の思想においても可能と、この『修身児訓』で述べたことになります。西洋の思想で「儒染」の大切さを述べているのですから。それゆえ「儒染」を「哲染」と読み換えた方がいいかもしれません。

さて、この『修身児訓』は、哲学者亀谷省軒によって、子どもが善に生きられるようにとの思いで、そのための教科書としてつくられていると確認していいでしょう。「いいでしょう」という言い方はまわりくどい言い方ですが、本当にそういうものとしてつくられているかどうかは、中味を具体的に検証してはじめて言えることです。これからそれを検証していくことにします。

はたして亀谷省軒は『修身児訓』をそういうものとしてつくっているのでしょうか。亀谷省軒はこの『修身児訓』の「序」で、「使耳目之所儒染」と述べていました。つまり「耳目の所を儒染せしむれば」と述べていました。

私はこの「儒染」の語に注目します。多分、右で私が述べたように、子どもが「先人に学び、その正しい善を身につけて生きてい」けるようになることを願って、つくっているはずです。

検証

本当は全五巻全章にわたって検証すべきですが、膨大になりますので、重要と思われる章に限定して検証することにします。

巻の一、第三章　師友（師友は大切。人間は学び合って人間になるものです）

師とはいわゆる先生だけでなく、自分を導いてくれる人のことで、親や年長者を含みます。友とは朋友のことで、学問は朋友によって進むと言われています。この章は、師を敬い、朋友同士学び合っていくのが大切と説いています。

巻の一、第四章　学問と勉強（人間にとって学問と勉強は両輪です）

学問と勉強（勤勉）の区別は、前者が先人から知恵を学ぶというのに対して、後者は生活の中で努力するということにあるようです。勉強は忍耐と同語に使われていますので。だから学問と勉強は人間にとって両輪となると言うのです。

巻の二、第二章　交際（和の心あれば仇なし。見下しの心はいけません）

厚い心とは人を責めずに自分を責める心と言います。ケンカをしたり仕返しをせず、貧しき者をさげすまず、傲慢にならず、友情が増すように行動し、信の得られるようにし、和の世界をつくろう。そのためには恵愛信義の心で交際することが大切と言います。

巻の二、第八章　躬行（誠の善は名声を求めない善を言います）

誠は信の心の本。これがなければ万事は偽となります。誠の善は名声を求めない善でなければなりません。しかし譲るばかりは善ではありません。善を実現するには勇気が必要です。信をもって生きるべしとも言います。

巻の三、第三章　学問（学問は至道を学ぶものです）

至道（立派な道理）があっても学ばなければ、その善さは分かりません。己を空しくして、人から学ぶことをすれば自然に分かってくると言います。

巻の三、第四章　交際（交際は人を選び、自分を成長させるものにすべきです）

ジコチュウの小人は遠ざけるべきですが、仇敵としてはいけません。しかし媚びたり付和雷同をしてはいけません。周匝（しゅうそう・ゆきわたった配慮）の心で望む必要があります。敬の心で、愛の心で。

巻の三、第八章　倫常（人の道を生きるのでなければいけません）

この章は封建道徳が述べられています。君主は臣の綱、父は子の綱、夫は妻の綱という具合に。更に命は自分のものでなく国のものとも述べられています。これをどう発展させて市民道徳にしていくか。今後の課題です。

巻の四、第八章　処世（徳のある生き方をしましょう）

人が自分に背いても善の心を失してはいけません。それゆえ人に徳を施す場合、忍びざるの心でしましょう。報いがなくても責めないことが大切です。人々の間で争論が起きた時、よく熟思して緩処させるようにしましょう。

巻の五、第二章　立志（立志の第一は善に向かい悪に背を向けることです）

患難や変故、窟辱や譏謗、仏逆など思い通りにならないことが多いですが、それを避けるのでなく解決していく能力を磨くことが必要です。そのためには聖賢に学び、善に向かい悪に背を向ける態度を身につけることが肝心です。これが立志の第一なのです。

巻の五、第七章　度量（広い度量が人間関係には必要です）

骨肉の中で争いが生じればささいなことも解決できなくなってしまいます。気負わず、心を下にして話言し、仲直りをすべきです。広い度量をもつことが肝心です。度量は学ぶものですが、同時に、学びながら深めていくことが大切です。

巻の五、第十二章　報国（国があって士民の生活は守られるのです）

この章も封建道徳くさいですが、この封建道徳も観点を少し変えれば今日の道徳になります。市民のための国家は今日の民主主義の国家ですが、その市民が国家を大切にする思想はますます大切となっています。亀谷はとても大切なことを言っています。

まとめ

以上です。亀谷省軒が説く「儒染」の中味は理解していただけたと思います。「共存」の思想をもって生きましょうと言っているのです。「信」も「誠」も「和」も「徳」も共存の前提となる思想として説かれていることが分かりますので。

少し脱線。前にも書きましたが、私久田健吉は古文書、特に漢籍には不案内です。誤読は一杯あると思います。いろいろ指摘していただきたく思います。原本は津島市立図書館と常滑市立図書館にあります（常滑市立図書館には後日謹呈いたします）。

続けます。私が尊敬する恩師としての思想家は、真下信一、谷川徹三、梅原猛、そしてヤスパースですが、彼らはすべて「聖人の思想」を唱え、この四大聖人（イエス、釈迦、孔子、ソクラテス）を捕えて、現代人の思想の始祖となっていると言います。つまりこれら四大聖人は、共存の思想を説いているがゆえにそうだと言うのです。

共存の思想を説いているがゆえに、彼らの思想は、現代人の思想の始祖となっている。私はこの「知多の哲学者シリーズ」の②において、『隣人愛と倫理学』を上梓しましたが、尊敬する哲学者たちが何でこう言うのかを確認するために上梓したのでした。イエスは隣人愛を、釈迦は慈悲の心を、孔子は恕の心を、ソクラテスは善の思想を説いています。彼らは愛の思想で共存しようと説いていることが分かり、なるほどと確信した次第です。尊敬する教師たちが言う通り、これら四大聖人は「共存」の思想を説くことにおいて、現代人の思想の始祖になっていることを理解したのでした。

では、これら四大聖人と亀谷省軒及び『修身児訓』はどんな位置関係にあるのでしょうか。私は同位置にあると思っています。それゆえ亀谷省軒の「儒染せしむ」の言は、聖人の思想に触れさせ、共存の思想が身につくようにさせようと言っているのと同じだと思います。

私はこう考えますので、この亀谷省軒の『修身児訓』をきっかけにして、真実の道徳の思想運動が市民の中で起こることを期待します。四大聖人の思想はもとより、道徳思想の権威カントの思想、そして、国民主権と基本的人権の尊重、平和主義（非戦主義）に立って、「諸国民との協和」（Cooperation with All Nations）を目指す日本国憲法の思想を学びつつ、真実の道徳思想を求める道徳運動の起こることを期待します。

最後にもう一言。この「まとめ」の前の「検証」の部分において見た亀谷省軒の思想について。人と人との関係を大切にしなさいということを本当に詳しく述べていることに感心しながら、私は彼の思想を紹介したのでしたが、今思うと、これこそが孔子の説く「恕」の心ではなかったかと思えてきたのでした。孔子は弟子から、「一生を通してしなければならないことは何ですか」と尋ねられた時、「それは恕だろうね。己の欲せざる所を人に施してはいけない。これだろうね」と応えたのでしたが、亀谷省軒は儒学者たちの思想を紹介しながら、見事にこの「恕」の心を浮き彫りにしているように思えたのでした。以上です。

おわりに

「はじめに」で書いたように、この『修身児訓』は、明治維新後の郷学校において使われた修身の教科書です。その中味は、子どもたちが善に生き、共存の思想で頑張ることを願ってつくられています。そしてこの修身の教科書は、現代においても役立つ思想を持っています。善と共存の思想はそのまま現代に生きてきます。封建思想にまみれている部分はあるけれど、これも上手に工夫すれば、今日の道徳思想になります。

残念ながら、今日の日本は無道徳、もしくは道徳思想の希薄が言われています。政治では、総理が国政を私物化したり、官僚がそれを忖度したり、社会では殺す必要があるから殺したという具合の事件が起きています。何とも無道徳。この事態はどうしても克服されねばなりません。

なぜこうなってしまったのでしょうか。本当の原因は複雑かもしれませんが、私は単純な原因でこうなったように思えます。

日本には戦前、軍国主義を担った「教育勅語」があって、戦後の日本はこの教育勅語との闘いに終始してきたと言えます。そのために、道徳思想とは何かの研究がおろそかにされてきたきらいがあります。もっといえば、「教育勅語」を擁護する人たちはもちろん、反対する人たちも、「教育勅語」を道徳思想と思い込んでいるのではないかと思えるほどに、道徳研究はなされていません。

そう思っている人たちに言いたい。

「教育勅語」のどこに道徳思想があるのですかと。

私は、道徳は人間が人間らしく共に生きるための思想であって、互いに人権を認め合い、みんなで素晴らしい共存の関係をつくっていく思想と思っています。国民の主体性を否定し国家に忠誠を誓わせるだけの思想が道徳思想であるわけがありません。

私が道徳思想の原点は、「日本国憲法」や「教育基本法」にあると言いますと、キョトンとする人が多いです。恐らくこういう見方をしたことがないからなのでしょう。政治闘争や要求運動の原点としての日本国憲法・教育基本法という認識はあっても、道徳思想の原点という認識はないからなのでしょう。

道徳思想の願いは共存の思想の一層の開花です。「まとめ」でも言いましたが、この『修身児訓』をきっかけにして、端的に言えば私のこの本をきっかけにして、真実の道徳の思想運動が市民の中で起こることを期待しています。

最後に。この本も「知多の哲学者シリーズ」に加えることにしました。この本の実際は、知多の哲学者たちの思想的土壌の研究にあたりますが、そういうものとして、「知多の哲学者シリーズ」に加えたいと思うからです。

ご意見をお聞かせください。

〒470-2401　愛知県知多郡美浜町布土字和田 37-3

久田健吉

TEL & FAX　０５６９−８２−０８２６

久田健吉(ひさだけんきち)

1942 年生まれ。66 年愛知教育大学卒業。72 年名古屋大学大学院修士課程修了。74 年大同大学大同高等学校就職。2002 年同校退職。05 年名古屋市立大学大学院博士課程修了。同年博士号取得。06 〜 08 年名古屋市立大学と中部大学技術医療専門学校で非常勤講師。最近まで知多市・東海市・豊明市にある市民大学で講師。

［著書紹介］

『私立工業高校復権宣言』（高校出版、１９９４）
高校教師だったころの教育実践録です。「哲学とは理性の心、それは隣人愛の実践」という哲学テーゼを確立する以前の、いわば模索の時代の著作です。

『我が哲学人生　隣人愛の道』（自費出版、２００２）
高校教師の中で見つけた隣人愛の道、これこそをこれからの我が哲学人生の道標にしよう、こんな思いから、高校教師退職を記念して出版しました。

『ヘーゲル国家論の原理』（晃洋書房、２００９）
学位論文。ヘーゲルの国家論の原理は隣人愛です。このことを論証しました。ヘーゲルの原典に即しているので難解ですが、大事なことは解明できたと自負します。

知多の哲学者シリーズ（ほっとブックス新栄）
①『知多の哲学者たち』（２０１２）
谷川徹三、森信三、中埜肇、梅原猛の思想を扱っています。
②『隣人愛と倫理学』（２０１３）

聖人の思想を扱っています。聖人とはイエス、仏陀、孔子、ソクラテスのことです。倫理学の土台は聖人の思想にあります。

③『ドイツ観念論物語』（２０１７）

カントの道徳律がドイツ観念論の根幹をなします。この理解の下に、カント＝ヘーゲルとして論じました。両者をつなぐ要の位置にあるのがカントの『判断力批判』です。

④『村民とともに生きた盛田命祺と溝口幹（鈴渓義塾物語①）』（２０１８）

鈴渓義塾を舞台にした盛田命祺と溝口幹の物語です。村民とともに生きた盛田命祺の思想を、溝口幹は鈴渓義塾で開花させました。

⑤『廃仏毀釈の嵐の中　フェノロサらとともに日本仏教を守った櫻井敬徳』（２０１９）

フェノロサは櫻井敬徳に学んで仏教徒になりました。何を学んだか。「円頓菩薩戒」です。櫻井敬徳はこの「円頓菩薩戒」の体現者でした。

⑥『櫻井敬徳の思想的土壌としての西阿野村慶応二年の〈御触留〉読解』（２０１９）

櫻井敬徳の思想は、共存に努力する西阿野村で育まれたと言って間違いないでしょう。

・『櫻井敬徳勉強会の記録』（２０２０）（共著）

これは櫻井敬徳の出身地常滑で行った勉強会の記録です。記念文集と資料編からなっています。資料編には貴重な資料が含まれています。

⑦『大欲の菩薩道に生き、哲学者として生きた愛知用水の父　久野庄太郎』（2020）

久野庄太郎は知多半島随一の哲学者と言って過言でないでしょう。しかし愛知用水をつくっただけの久野がなぜ。読めばすぐ分かります。素晴らしい哲学者でした。

⑧『企業哲学と共生の経営論を説いた盛田昭夫と平岩外四（鈴渓義塾物語②）』（2020）

新自由主義が台頭する中、日本は集中豪雨的輸出と世界から批判されていました。二人は鈴渓義塾の思想で以てこれらとたたかい、克服の道を示しました。

⑨『森田武氏の自分史　山崎古墳の守人としての我が人生　―寿山庵とともに―』（2021）

森田武氏の思想は、昏迷する日本の思想状況の中、仏教の思想を大切にしながら、その解決をめざして努力しています。大切な思想と思います。

⑩『明治初頭の子どものための修身読本紹介　―亀谷省軒編〈修身児訓〉読解』（2021）

古老が説く道徳による教えは、この『修身児訓』にほとんどすべて述べられています。

『教育勅語』でないことに注意しましょう。

＊お求めは書店に。ない場合は著者に。善処します。

〒四七〇－二四〇一　美浜町布土字和田三七の三　久田健吉
ＴＥＬ＆ＦＡＸ　（〇五六九－八二－〇八二六）

明治初頭の子どものための修身読本紹介
亀谷省軒 編『修身児訓』読解　　—知多の哲学者シリーズ⑩—

2021 年 5 月 31 日

著者：久田　健吉
発行：ほっとブックス新栄
発行者：藤田　成子
461-0004　名古屋市東区葵 1-22-26
Tel：052-936-7551　　Fax：052-936-7553
ISBN978-4-903036-40-3 C0010 ¥1000E
印刷：エープリント